님께

_____

_____

_____

드림

_____

엄길청 · 류근성의
# 머니 콘서트

**100세 부자, 부유한 노후를 위한 인생 경영 지침서**

엄길청 · 류근성의 **머니 콘서트**

초판 1쇄 발행 2015년 12월 10일

**지은이**      엄길청 · 류근성

**펴낸이**      문태진
**본부장**      김보경
**편집총괄**    김혜연
**책임편집**    임지선   **기획편집팀** 이희산   **디자인팀** 윤지예
**교정교열**    이수희
**디자인**      김수아
**표지 사진 제공** 이용우(엄길청)

**마케팅**      한정덕 윤현성 장철용 김재선 이지복
**경영지원**    김정희
**강연팀**      장진항 조은빛 강유정

**펴낸곳**      (주)인플루엔셜
**출판등록**    2012년 5월 18일 제300-2012-1043호
**주소**        (04511) 서울특별시 중구 통일로2길 16, AIA타워 8층
**전화**        02)720-1034(기획편집)   02)720-1024(마케팅)   02)720-1042(강연섭외)
**팩스**        02)720-1043        **전자우편** books@influential.co.kr

인플루엔셜은 세상에 영향력 있는 지혜를 전달하고자 합니다.
이에 동참을 원하는 독자 여러분의 참신한 아이디어와 원고를 기다리고 있습니다.
한 권의 책으로 완성될 수 있는 기획과 원고가 있으신 분들은 연락처와 함께
books@influential.co.kr로 보내주세요. 지혜를 더하는 일에 함께하겠습니다.

엄길청 · 류근성의
# 머니 콘서트

## 100세 부자, 부유한 노후를 위한 인생 경영 지침서

# MONEY
# CONCERT

**엄길청 · 류근성** 지음

INFLUENTIAL
인 플 루 엔 셜

# 더 오래 부유하고
# 행복한 삶을
# 위하여

장수는 축복일까? 그럴 수도 있고 아닐 수도 있다. 당신에게는 어떤가?

불과 몇 년 전만 해도 장수는 축복이었다. 그러던 것이 이제는 준비가 없으면 재앙이라고 할 만큼 상황이 급변하고 있다. 의학의 발달로 수명이 100세 가까이 늘어났지만 국가가 노후를 보장하지 못하는 상황에서 자녀가 부모를 부양해야 한다는 가치관마저 옅어진 탓이다. 그러다 보니 퇴직 후 살아갈 자금을 마련하기 위한 궁리로 은퇴설계 바람이 불기도 했다. 자식들에게 손 벌리지 않으려면 이렇게 저렇게 하는 것이 좋다는 식이었다.

물론 시대의 변화를 반영한 피할 수 없는 과정이었을 것이다.

그러나 기존의 은퇴설계에는 한계가 많았다. 모아둔 자산이 없는 사람에게는 그다지 실효성 없는 이야기였고, 은퇴를 코앞에 둔 시점에서 그 이후의 삶을 준비하기에는 너무 늦기 때문이다.

그렇기에 흔히 많은 사람들은 젊은 시절 큰돈을 모은 소수의 부자들만이 부유하고 행복한 노후를 보낼 수 있다고 생각한다. 하지만 꼭 그렇지는 않다. 오히려 '평생 현역'으로 남아서 일과 생활의 균형을 유지해 나가는 사람들이 오랫동안 몸도 마음도 젊고 건강하며, 경제적으로도 여유 있고 안정적인 노후생활을 누린다.

우리가 꿈꾸는 노후가 바로 이것이고, 이 책에서 말하는 '100세 부자'의 모습이다. 이제 더 이상 자녀나 사회가 노후의 삶을 책임져줄 것이라고 기대하기는 어려워진 시대다. 그리고 무엇보다도 자녀와 사회에 의지하여 살아가는 삶은 사회에도, 개인에게도 바람직한 모습이 아니다.

평생 현역으로 살아야 한다는 말이 누군가에게는 막연한 꿈처럼 들릴 수도 있다. 창업이나 재취업이 말처럼 쉽지 않은 것도 엄연한 사실이다. 그럼에도 정말로 제대로 알고 도전하는 것과 모르고 가만히 있는 것은 완전히 다르다. 부유한 노후를 만드는 데 필요한 전략들을 진지하게 확인해보고, 현재를 점검하는 기회가 필요하다.

그렇다면 노후를 계획할 때 가장 중요한 것은 무엇일까? 우리는 경제지식도, 재테크 노하우도 최우선순위는 아니라고 생각한다. 답은 바로, 노년에도 스스로 삶의 주인이자 경제주체로서의 마인드를 잃지 않는 것이다. 이것이 가장 중요하다. 그렇지 않고 자녀나 사회에 의존해 여생을 버티려고 한다면 백약이 있은들 무효다. 주류에서 밀려난 세대라며 외로움과 두려움에 무릎 꿇기보다는 완숙해진 지혜와 연륜, 적극적인 마인드를 무기 삼아 경제활동의 전면에 나서야 한다. 이것이 바로 우리가 이 책을 쓰면서 가장 크게 바라는 점이다.

작은 일이라도 몰입하여 일하는 시간이 얼마나 소중한지, 적은 돈이라도 모으고 투자하고 기다리는 일이 얼마나 행복한지, 건강하지 못하더라도 마지막까지 인생의 운동장에서 완주하는 삶이 얼마나 보람찬지 아는 사람만이 마지막까지 자기 인생을 진정으로 살아갈 수 있다. 건강, 돈, 행복은 질량(mass)의 과학이 아니라 인내와 소명과 시간의 함수(function)로 빚어지는 삶의 기술이다.

우리는 현재 노년을 맞은 사람들을 위한 당장의 해결책이 되었으면 하는 바람으로 이 책을 썼다. 하지만 그 세대만을 염두에 두지는 않았다. 이제 100세 시대는 모두에게 닥친 과제이기 때문이다.

경제적인 문제가 가장 시급한 것은 예나 지금이나 마찬가지이기에 이 책에서는 돈과 자산관리 부문에 많은 초점을 맞추었다. 경제 외적인 문제, 예를 들면 가족관계나 건강, 여가와 가치 있는 삶에 대한 논의에는 많은 지면을 할애하지는 못했다. 하지만 앞으로 사회적으로는 생애설계의 중심축으로 대두될 것으로 본다.

본디 우리 삶은 노년의 행복만으로 결정되지 않는다. 젊은 시절에는 젊은 대로, 중년은 중년대로 누려야 할 무엇이 있다. 결국 인생이란 청년과 중년 그리고 노년의 삶이 동일한 가치를 가진 것이며, 행복한 삶을 위해서는 노년만이 아닌 인생 전반을 아우르는 시각이 필요하다. 이런 생각을 바탕으로 과연 행복한 인생이 무엇인지, 또 청년에서 노년에 이르는 동안 생애주기별로 해야 할 과제들이 무엇인지 짚어보았다. 세대별 구분 없이, 또 남녀의 다름없이, 남아 있는 인생을 다시 한 번 점검하고 더욱 행복하고 가치 있는 인생의 길을 찾는 단초가 되기를 바란다.

엄길청 · 류근성

# PART 1 〉 이제는 경제관념을 바꿔야 할 때

PART

# 2 > 반짝 벌지 말고 오래 벌어라

# 이제는 경제관념을
# 바꿔야 할 때

산 위에 오르면 멀리 시야가 트이고, 터널을 벗어나면 광야가 눈에 들어온다. 지난 몇 십 년간 성장을 위해 쉬지 않고 달려왔던 우리나라도 이제 신흥국가의 선두주자 자리를 넘어 어느새 선진국의 문턱에서 더 넓은 세상과 가능성을 앞에 두고 있다. 성장과 도전, 도약의 패러다임으로 무장한 국민 한 사람 한 사람이 이루어낸 성과다. 하지만 기쁨을 제대로 만끽할 새도 없이 우리는 다시 산적한 시대적 과제들에 직면해 있다.

그렇다면 지금 우리 앞에 놓인 새로운 시대는 어떤 모습인가? 저성장, 저수익, 인구절벽, 불평등 문제 등등 좀처럼 해결이 난망한 과제들이 있는 한편, 공유경제, 협동조합, 가족과 마을 등의 공동체 가치, 도시창조, 100세 시대 등 가능성을 모색해가는 주제들도 있다. 새로운 세상을 대변하는 이 단어들은 우리가 그 개념부터 이해해야 할 숙제이면서 한편으로는 고민할 시간이 많지 않은 시급한 과제들이기도 하다. 지금 우리는 당면한 문제들을 지혜롭게 해결해 나가며 한 단계 질적인 도약을 꾀

해야 할 전환점에 서 있다.

1부에서는 이처럼 새로운 시대에 우리가 어떤 마인드를 갖고 살아야 하는지 경제적 관점에 초점을 맞춰서 살펴보고자 한다. '100세 시대'라는 말이 벌써 익숙해졌듯이, 개인에게는 당장 늘어난 수명으로 건강하고 부유하게 오래 사는 것이 중요한 과제다. 그러기 위해서는 탄탄한 경제 마인드와 안목이 필요하다. 시대적 흐름과 세계적 흐름을 아우르는 종횡의 안목을 고루 갖추어야 길을 잃지 않고 올바른 판단을 할 수 있기에, 경제학의 눈으로 현시대를 어떻게 진단해야 하는지 생각을 나눠보고자 한다.

새로운 시대에는 그간 빠르게 달려왔던 걸음을 잠시 멈추고, 긴 안목으로 삶의 본질적인 가치들을 다시 고민해야 한다. 공존과 공유의 경제를 모색하면서, 개인이 어떤 관점으로 생애를 설계해야 하는지, 부유하게 오래 살기 위한 100세 부자의 지혜들을 지금부터 나눠보자.

# 01

# 100세 인생,
# 돈의 보감

다시금 세상은

작지만 땀 흘려 번 근로임금과

한 푼어치의 이자, 한 푼어치의 배당,

한 푼어치의 임대료의 소중함을

알게 될 것이다.

# 이제 경제도
# '사람'이
# 중심이다

 

인간은 더욱 편안하고 풍요로운 삶을 살기 위해 화폐, 시장, 기업, 무역, 금융제도 등 각종 문명과 제도, 시스템을 탄생시켜 오늘날에 이르고 있다. 덕분에 우리는 발전된 기술문명의 혜택을 입어 과거 인류보다 덜 힘들여 일하고, 오래 걷지 않고도 멀리 이동하며, 추위와 더위를 극복하고 쾌적한 삶을 영위하고 있다. 이러한 혜택은 경제적인 측면에서도 마찬가지여서, 청·장년기뿐 아니라 노년기에도 열심히 노력한다면 금융소득이나 자산소득 또는 정부 지원 등을 통해 충분히 경제적인 여유를 누리며 살 수 있다는 기대감도 한껏 높아졌다.

하지만 이러한 제도와 시스템을 앞장서서 만들어 실행하던 미국, 유럽, 일본과 같은 선진국들이 2008년 이후 한꺼번에 엄청난 충격에 휩쓸리면서 지구 경제는 심각한 위기를 겪고 있다.

미국은 2008년에 일어난 글로벌 경제위기를 극복하기 위해 지금껏 그토록 엄격하게 지키려고 노력해오던 연방준비제도이사회(FRB)의 신중하고도 체계적인 통화관리를 포기하고, 천문학적인 양적완화(quantitative easing) 정책이라는 카드를 꺼내 들었다. 시중에 막대한 돈을 풀어 소비와 투자 회복을 꾀하는 파격적인 대중요법을 쓴 것이다. 한마디로 윤택한 재정을 보유한 개인이나 재무적 성과를 거둔 기업에게 소비를 하든 투자를 하든 어떻게든 세상에 돈을 나오게끔 하라는 노골적인 압력을 행사한 셈이다.

유럽의 경우도 유럽중앙은행(ECB)이 마이너스금리라는 충격요법을 사용하는 등 돈을 가진 사람이나 기업으로 하여금 수중의 돈을 풀도록 유도하는 갖가지 정책이 동원되었다. 그런가 하면 일본은 '아베노믹스(Abenomics)'라는 초유의 정책으로 엔화가치를 급락시키고 생산과 소비의 진작을 위해 갖은 부양책을 다 동원하고 있다.

이처럼 선진국들은 소득이 있든 없든, 직업이 있든 없든 여유자산만 있다면 그 돈을 사회적 자산으로 만들겠다는 정책의지로 지구촌을 뒤흔들고 있다. 우리나라도 예외는 아니다. 정부는 기업에게 투자하지 않으면 내부에 유보된 자기자본에 과세를 하겠다며 압박하고 나섰고, 근로자의 임금을 올려줄 것을 요구했다. 한국은행은 연이은 금리인하로 사상 최저금리를 만들어 냈다.

불과 십 수년 전, 우리나라는 외환위기로 빚더미에 올라앉았다. 당시 숱한 기업들이 과도한 부채를 떠안은 채 부실기업으로 전락하는 위기를 겪었고, 그 과정에서 장차 가능한 한 무(無)차입 경영과 튼튼한 자본력을 바탕으로 탄탄한 기업을 만들어야 한다는 교훈을 얻은 바 있다. 따라서 기업들은 성장을 낮추고 내실을 다지는 경영으로 착실하게 내부 유보자본을 비축해왔다. 그런데 이제 와서 그 돈을 배당으로 세상에 내보내거나 직접 투자하여 고용을 늘리라니, 그것도 소위 친기업 정책을 표방하는 보수정당이 집권하고 있는 마당에. 이런 소식을 접한 재계는 충격이 이만저만이 아니었다.

이렇게 간다면 머지않아 고액의 자산가를 찾아 새로운 세원을 개발할 것이며, 집집마다 보유세 부담이 늘어나는 것은 물론, 자산가들에게 세상 돌아가는 비용을 좀 더 내라는 압력이 현실화될 것이다. 이미 정치권에서는 연간 10억 원 이상 고소득자에게 50퍼센트 이상의 소득세를 부과하자는 의견이 나오고 있는 실정이다.

그간 기업들은 자유의지로 성장과 수익, 투자에 관한 결정을 내려왔다. 그런데 갑자기 정부가 개인의 사유재산이나 사기업의 내부 유보자본에 칼을 들이댄다면, 이는 우리가 지금껏 유지해온 시장경제와 자유기업 가치에 크게 반하는 일이다. 그렇다면 왜 하필 지금 이러는 것일까? 그 이유는 우리가 이제는 수출이나 생산보다 '소비지출'을 지속해야 하기 때문이다.

더 이상은 좋은 물건을 많이 만들고 개발하는 것이 목표였던 생산사회가 아니다. 이제는 소비하지 않으면 생산할 수 없는 소비사회가 되었다. 지구상 모든 나라는 호경기나 불경기에 상관없이, 돈이 있거나 없거나 상관없이, 사회 구성원들의 소비지출로 유지된다. 그 지출이 근로소득으로 이뤄지든 사업소득으로 이뤄지든 공공지출로 이뤄지든 상관없다. 소비지출은 반드시 이어져야 한다.

우리나라도 점차 재화가치가 아닌 인간가치 중심의 사회로 변화하면서, 복지선진국형 사회로 접어들고 있다. 이런 시기에 정치권과 정부는 여유 있는 기업과 개인에게 손을 내밀 수밖에 없다. 이렇다 보니 자산관리를 도구 삼아 여유로운 삶을 누리던 사람들은 새로운 도전을 마주하게 되었다.

돈을 모아 재산을 불리고, 그렇게 축적한 자본이익으로 남은 생을 살고자 했던 꿈에서 이제 그만 깨어나야 한다. 단순히 내 재산만 챙겨 혼자 잘살아가기란 갈수록 힘들어질 것이다. 그 재산이 순환하며 생산과 투자, 소비에 기여하지 않으면 어느 순간 사회적 지출이 불쑥 손을 내밀게 된다.

그런 가운데 함께 일하고 함께 즐기며 가치를 공유하던 경제주체들이 다양한 사회적 경제부족으로 진화하고 있다. 여기에는 갈수록 서민과 멀어지는 상류사회와의 간극도 한몫한다. 부자는 부자대로, 어려운 이들은 어려운 이들대로 점점 비슷한 사람들끼리 유대감을 강화하고 활발한 상호작용을 주고받는 것이다. 이를 통해 '사회경제적 가족'이란 의식이 확대되고 있다. 따라서 기업을 중심으로 이루어지던 경제사회가 이 같은 수요자 중심의 사회경제적 관계로 대체되리란 전망도 나오고 있다. 일명 수평적 네트워크 사회가 찾아오는 것이다.

특히 서민경제는 협동조합, 사회적 기업 등에 관한 논의가 활발히 이루어지며 새로운 경제사회의 등장을 예고하고 있다. 사회적 기업은 소규모 사업자들이 수평적으로 힘을 모아 기존 시장에 대응하는 대중적 지혜의 결과물이다. 자본 규모로 의사결정권을 갖는 주식회사에 비하면 보다 사람 중심의 경제구조다. 주주의 이익을 극대화하는 영리법인과 달리, 사회적 공동이익을 중시하고 사회적 가치에 기반해 활동을 펼치기도 한다. 따라서 사회적 기업은 이익의 적정화를 목표로, 이해당사자 모두의 균형적 이해감각을 중시하는 기업철학에 바탕을 두어야 한다.

그동안 기술과 자본이 사람을 경시한 배경에는 '자본생산성'

이란 잣대가 한몫했다. 사람의 노동을 중심으로 돌아가던 산업경제가 어느 순간 기계와 전기를 사용하면서 설비생산성이 증가했고, 그 덕에 생산현장에서 사람이 제공하는 노동력의 가치는 곤두박질쳤다. 갈수록 설비투자를 위한 자본투입이 확대되면서 자본생산성으로 모든 것이 결정되는 국면을 맞이한 것이다. 여기에 그치지 않고 자본생산성은 아예 기업생산과 금융투자를 분리해 재무적 이익만 추구하는, 이른바 금융경제로 넘어가고 말았다.

하지만 세상에는 항상 새로운 시도가 나타나게 마련이다. 지금 다시 사람의 힘을 모아 사람 중심의 새로운 경제질서를 만들어가려는 시도들이 여기저기서 나타나고 있다. 돈도 중요하지만 사람을 통한 일의 가치는 그보다 더 중요하다는 새로운 생각들이 등장하고 있는 것이다.

세계를 뜨겁게 달군 프랑스 경제학자 토마 피케티의 『21세기 자본(Capital in the Twenty-First Century)』도 이러한 시도에 한몫하고 있다. 피케티는 현재의 자본 중심의 시장경제질서는 자본생산성이 노동생산성을 앞지르는 구조적 한계를 가졌다고 지적하고, 인간 중심의 경제질서를 주장해 세계의 이목을 끌었다.

따지고 보면 글로벌 위기 이후, 미국은 한 단계 진화된 제조업으로 회귀하여 개인저축이 늘고 있고, 일본에서는 아베노믹스 충격의 여파로 노동자의 이익분배율이 높아지고 있다. 우리나라 역시 사회 곳곳에서 경제적 이해관계를 넘어 따스한 정을 나누고, 능력과 역할을 넘어 서로 의지가 되는 사람들이 뜻을 모아 새로운 생산구조나 판매구조를 만들어내고 있다. 제품 및 자원 공유나 소비조합(생활협동조합)을 통해 중간비용을 줄이거나 독과점의 폐해를 방지하려는 노력들이 눈에 띈다. 이들은 목표하던 경제적 성과를 넘어 새로운 사회적 가족으로서 긴밀하게 교류하고 마음을 모으는 따뜻하고 끈끈한 공동체의 모습으로 등장하고 있다.

특히 제대로 된 일자리를 찾지 못하고 있는 청년, 여성, 노인들을 중심으로 새로운 형태의 일하는 사회를 만들어감으로써, 그간 돈으로만 성공을 가늠하던 우리 사회에 균형감과 안정감을 가져다줄 것으로 기대된다. 성실한 사람이라면 누구나 열심히 일해 가족을 돌보고 삶을 영위할 수 있어야 한다. 저성장 저수익의 신호는 이제 우리 사회가 근본으로 돌아가야 함을 알려주고 있다.

# 어려운 때일수록
# 균형감각이
# 필요하다

　　　　　　　　　　　사람의 인격과 감정에 가장 민감
한 영향을 미치는 것들 중에는 사랑과 돈이 있다. 그래서 이런
노래가사도 있지 않던가. "사랑에 속고 돈에 울고……." 이 둘은
공통점이 많다. 그중 하나는 사람이면 누구나 빠져들기 쉽다는
것이고, 한번 빠지면 균형감각을 유지하기 어렵다는 점이다.

　특히 돈을 빌리는 일을 잘못하면 평생 빚의 그늘을 벗어나기
어렵다. 빚에는 늘 이자가 따라오는데, 돈 버는 데는 휴일이 있
고 밤낮이 있어도, 이자는 휴일도 없고 밤낮도 없다. 한번 빚을
지면 고장 난 수도꼭지처럼 주머니에서 돈이 줄줄 흘러 나간다.

현재 우리 사회의 가장 큰 문제 중 하나는 가계부채가 심각한 수준에 도달했다는 점이다. 미국에서 발생한 금융위기도 그 원인을 따져보면 주택융자가 중심이 된 가계부채의 팽창 때문이었다. 그동안 우리는 주택금융이 타 국가에 비해 상대적으로 안정된 구조이므로 미국과 달리 큰 문제가 되지 않으리라고 생각하는 경향이 컸다. 하지만 시간이 갈수록 가계부채가 걱정스러운 수위로 치닫고 있다. 더 이상 우리나라도 가계부채에서 안전하지 않다.

2014년 한국은행이 발표한 바에 따르면 주택융자 규모에서 대출자의 상환능력에 비해 부채가 과도하다고 판단되는 규모가 약 25퍼센트에 달한다고 한다. 게다가 약 400만 명의 채무자는 다중채무를 지고 있어 소위 빚 돌려 막기를 하고 있는 것으로 추정된다. 이런 때 금융당국에서 은행권에 가계대출을 조이면 돈이 급한 가정들은 제2금융권으로 몰리게 되고, 결국 저소득층 가정에서는 금리 부담이 커지는 악순환에 빠져들게 된다. 참으로 심각한 문제가 아닐 수 없다.

서민이 어려울 때는 정부가 가계부채의 부실화 우려를 낮출 수 있는 조치, 즉 금융포용정책을 취해야 한다. 금융포용정책이란 사회적 약자가 금융으로 무거운 짐을 지게 되었을 때 스스로의 힘으로는 도저히 부채의 늪에서 벗어나기 어렵다고 판단되는 경우, 상환기간을 늘려주고 이자도 감해주며 원금도 조정해주는 등의 일종의 채무 완화 프로그램이다. 과거 외환위기 시절, 개인신용회복 프로그램이란 이름으로 실시한 적이 있다.

아직은 그때에 비해 다소 여유가 있다고 해도, 바로 그런 여유가 있을 때 미리 가계부채 완화 프로그램을 작동시킬 필요가 있다. 수입에 비해 부채가 많은 가정은 위험에 빠지지 않도록 사전 예고제를 두어 적극 계도하고, 조금 더 상환 여유가 있는 가정은 저축을 늘려 정부가 함께 저축을 지원하는 매칭(matching) 방식으로 금융자산을 늘려가도록 유도해야 한다. 과거 근로자 재산형성저축이 바로 그런 효과를 거둔 만큼, 이런 종류의 저축 장려 프로그램을 적극적으로 검토할 필요가 있다.

빚진 자를 살려주고 도와주면 도덕적 해이가 온다고 비판하는 사람들도 있지만, 오늘의 가계부채 문제는 그러한 사회경제적 정의 차원을 넘어 가계의 생계유지와 직결되는 시급한 사안이다. 소외계층을 구제하는 사회적 금융포용정책을 시행하는 한편, 각 가정도 근로소득이나 사업소득을 통해 소비의 재원을 마련하고 저축을 통해 가계부채를 근본적으로 해결해야 한다.

금리가 갈수록 낮아지는 데다 실업의 위험이 도사리고 소비는 갈수록 늘어나는 구조라면 사람들의 마음속에서 저축이란 단어가 가물가물해질 수밖에 없다. 그러나 저축 없는 나라, 저축 없는 사회는 미래가 없는 사회나 다를 바 없다.

한국은 아무것도 없는 가난한 나라에서 남에게 돈을 빌려주는 순 채권국가가 되기까지 참으로 많은 수모와 고초를 겪었다. 그중 가장 큰 수모는 지금도 모두의 기억 속에 남아 있는 이른바 IMF 구제금융 시대다. 버젓이 대한민국 중앙은행이 있는데도 국제통화기금에서 우리나라 돈의 흐름을 통제하던 금융식민지 시대를 우리는 아프게 기억하고 있다.

이제 이 문제가 각 가정의 울타리 속으로 들어가 있는 형국이다. 특히 일상소비를 위해 부채를 지고 있는 가정은 힘은 들겠지만 그 악순환의 고리를 끊어내야 한다.

저축은 국민의 몫이다. 미래의 불안에서 벗어나기 위해서는 돈을 늘리기보다 일단 모아야 한다. 근면하고 검소한 생활습관은 인생을 종점까지 순탄하게 가져가게 하는 기본적인 삶의 기술이다. 어려서부터 자기 통장을 가지고 있을수록, 주식보유 경험이 있을수록, 아르바이트 경험이 있을수록 노년에 사업체나 토지, 건물을 소유할 가능성이 높아지고 유복한 소비생활을 할 수 있다.

또 길에 떨어진 남의 돈을 슬쩍 집어 쓰는 사람과 주인을 찾아주는 사람 중에서 누구의 노후가 더 풍족할까? 돈을 더 소중히 다루는 후자가 상대적으로 풍족한 삶을 살 가능성이 높다. 이는 굳이 선진국의 연구를 근거로 들지 않더라도 인생을 살다 보면 자연히 얻게 되는 깨달음의 한 자락이다.

# 재테크는
# 신기술이 아니라
# 삶의 기술이다

        2015년 국민은행 연구소에서 한국의 부유층에 대한 자산분석 보고서를 발표했다. 조사 결과를 보면, 우리나라에 10억 이상의 금융자산을 가진 사람이 약 18만 명이라고 한다. 전체 인구 대비로 본다면 이는 약 0.3퍼센트 정도에 해당한다. 하지만 가구 수 대비로 본다면 전체 가구의 거의 1퍼센트에 달하는 수치다. 흔히 부유층이라고 일컫는, 상위 1퍼센트 수준의 사람들인 것이다.

        이 발표로 미루어 보건대 이들 1퍼센트 부유층이 가진 순 자산의 마지노선은 약 30억 원 이상으로 추정할 수 있다. 이들의 평균 연간 수입의 구성은 근로수익이 60퍼센트, 자산수입이 40 퍼센트다. 또한 부유층일수록 수익이 발생하지 않는 부동산 보유가 많아서 전체 자산은 늘어나지만 그에 비해 수입은 잘 늘어나지 않는 것으로 분석되고 있다.

반면 일반인은 전체 수입의 90퍼센트가 근로수익으로 자산수입 기여도가 낮은 것으로 나타났다. 2인 가족을 기준으로 본다면 1퍼센트대 부자들의 연간 수입은 보통 가정보다 여덟 배 가까이 높게 나왔다.

자산구조에서 보면 부자들은 전체 자산의 60퍼센트 정도가 부동산이었고, 그다음이 금융상품이었다. 평범한 가정에서는 부동산 비율이 80퍼센트 전후임을 감안하면, 1퍼센트대 부자층이 될수록 금융자산의 비중이 늘어남을 알 수 있다. 하지만 100억 원이 넘는 초부유층으로 들어가면 부동산 비중이 다시 높아지는 현상을 보인다.

전반적인 부유층의 투자용 부동산은 1위가 상가이고 그다음이 오피스텔, 아파트 순이었다. 일반인에 비해 수익형 부동산의 운용경험이 많은 것을 알 수 있다. 지역적으로는 서울의 수익형 부동산 비율이 가장 높고 부산·경남이 다음을 차지했다. 향후 유망한 자산에 대한 응답률은 부동산이 30퍼센트선, 주식이 20퍼센트선, 예·적금이 10퍼센트선으로 선호도를 나타내 앞으로도 부유층은 부동산을 중심자산으로 운용할 것으로 기대된다.

이런 면을 볼 때 한국의 부자들은 대개 부동산을 주된 자산으로 관리해왔으며, 부유층으로 갈수록 채권이나 주식 등 금융투자자산 비중이 늘어난 것으로 볼 수 있다.

그러나 요즘에는 부유층의 규모가 커지면서 중소형 빌딩의 수요가 늘어나고 비즈니스호텔, 대형 오피스, 복합 쇼핑몰, 리조트 등의 수요도 점차 늘고 있다. 미래의 투자수익에 대한 기대가 크면 클수록 상대적으로 투자위험도 높아지는 것을 잊지 말아야 한다.

또한 중간 부유층에서 두드러지던 금융자산 비중은 먼저 주식 비중이 늘어나다가 펀드로 이어지고 다시 초부유층으로 가면서 채권이 늘어나며, 그 후로 다시 부동산 비중이 증가하면서 이번에는 토지의 수요가 늘어나는 특징을 보인다. 따라서 사람들은 미래의 부를 넘겨주려는 초부유층이 되면 채권이나 토지에 관심이 늘어나고, 갓 부유층에 진입하면 성장욕구가 솟구쳐 주식이나 펀드에 관심을 가지며, 그 뒤에는 수익안정 욕구가 다시 늘어나서 중소형 빌딩이나 비즈니스호텔 등에 투자하려는 욕구를 보인다고 해석할 수 있다.

그러나 지금 글로벌 자산시장에는 엄청난 변화가 시작되었다. 우선 제로금리와 마이너스금리의 확산을 들 수 있다. 금리가 제 기능을 못하고 마이너스로 내려간 사실은 한마디로 부채 디플레이션(debt deflation)을 암시한다. 부채 디플레이션은 자산시장에 들어간 부채가 감소하면서 자산가격을 하락시키고 다시 실물 소비의 수요가 감소하는 것을 말한다.

요즘 독일, 핀란드, 덴마크, 스웨덴, 오스트리아, 스위스, 네덜란드의 국채가 종종 마이너스를 기록해 소위 말하는 웃돈을 얹어주고 국채를 사야 하는 상황이 벌어진 바 있다. 프랑스마저도 상대적으로 안전하다고 한 국채 금리가 제로에 근접하고 있다. 이런 구조에서는 아무리 금리가 낮아도 여간해선 투자가 일어나지 않는다. 시장을 신뢰하지 않기 때문이다. 그동안 금융시장은 오로지 투자시장 일변도였다. 은행도 보험회사도 증권시장이나 부동산 시장을 끼지 않으면 상품을 팔 수도, 운용할 수도 없었다. 그러는 동안 시들해지는 상업은행을 투자은행이 사들이거나, 상업은행 스스로 문을 닫곤 했다. 공격적인 투자은행의 수익률을 이기지 못해서다. 자산운용사, 투자자문사, 증권회사, 부동산신탁회사, 부동산투자회사 등이 활개를 치며 자본의 이득을 과시하던 세상이었던 것이다.

하지만 이 같은 미증유의 위기를 해소하기 위해 세상은 다시 근로소득과 가계저축의 시대로 돌아오고 있다. 미국은 이미 서서히 제조업으로 선회하고 있으며, 유럽에서도 제조업이 안정된 국가일수록 건강한 경제력을 유지하고 있다. 아직 미국을 비롯해 금융위기를 겪고 있는 선진국들이 금리를 정상 궤도에 올려놓지 못하고 있는 동안, 이들 국가는 앞다투어 생산적인 일자리와 근로소득, 저축을 강조하는 생산경제 근본주의로 돌아가고 있다.

이 혼돈의 시대가 지나고 나면 다시금 세상은 작지만 땀 흘려 번 근로임금과 한 푼어치의 이자, 한 푼어치의 배당, 한 푼어치의 임대료의 소중함을 알게 될 것이다. 이제 근로자나 사업자가 되어 성실하고 검소하게 살아 나가야 얼마간의 수익이라도 낼 수 있고, 어느 가정이나 근로소득과 사업소득이 바탕을 이룬 가운데 다양하게 배분한 자산에서 소득을 거두는, 이른바 종합적인 자산배분에 의한 수익관리 시대가 올 것이다.

결국 자산관리는 부유층의 전유물이 되고, 평범한 가정에서는 지속적인 소득관리, 안정된 수익관리, 점진적인 자산 형성 등 소박하지만 인내심이 필요한 느림보 경제에 발맞추어 가야 할 것이다. 복잡한 경제지식이나 현란한 금융공학에 매달릴 것이 아니라, 서툴지만 내 손으로 벌고, 식구끼리 아껴 쓰고, 형편대로 모으고, 조심스럽게 투자해서 직접 운영하는 선대들의 삶의 지혜를 따르면서 재무적 형편을 서서히 살려 나가야 한다.

최근 들어 금융위기를 극복하려는 미국이나 유럽, 일본 등 선진국들을 들여다보면, 도시 안에서 수공업이나 상업에 종사하는 가정일수록 노후에 안정된 재무기반을 가지고 있으며, 가족들이 웃어른과 가까이 살고, 형제동기 간에 유사한 일을 하며, 동네사람들을 상대로 오랫동안 가업형 일에 종사한 가정임을 알 수 있다. 이런 앞선 나라들의 현상을 들여다보면 우리가 산업사회로 들어오면서 농촌과 어촌, 산촌의 고향을 떠나 대도시 또는 산업도시에서 핵가족을 이루며 뿔뿔이 그저 분주하게만 사는 동안 까맣게 잊어버린 동네, 가족 그리고 동기간에 익히고 닦았던 삶의 지혜가 여전히 유효하다는 것을 깨우치게 된다.

# 투자는
# 인내의
# 다른 말이다

연일 전설적인 투자기록을 세우고 있는 미국의 워런 버핏은 여러 스승을 두었는데, 필립 피셔가 그중 한 사람이다. 천수를 누리고 얼마 전 타계한 필립 피셔는 한국전쟁이 발발한 1950년에 두 회사의 주식에 투자했는데, 그중 하나는 1990년대에 매도했고, 나머지 하나는 2000년을 넘겨서야 처분했다. 세상을 떠나기 전 그는 투자의 지혜를 묻는 주변의 질문에 "당신이 정말 잘 고른 회사의 주식이 있다면 그 주식을 정말 팔아야 할 시기는 당신 생애에 오지 않아야 한다"라고 말했다.

경제성장률이 낮아지면서 사람들은 더욱 단기투자에 매달리고, 공격적인 시장을 운영하려 한다. 사실 경제성장률이 낮아지면 모든 수익률이 낮아지는 것은 당연한 이치이고, 그럴수록 장기적으로 투자해야 기대수익이 높아지는데 왜 이런 엉터리 행동들을 할까?

주식시장은 완전 자유시장이 만들어지면 누구도 초과수익을 낼 수 없다는 가정을 뻔히 알면서 그동안 거래의 가격제한폭을 넓히고, 있지도 않은 미래의 권리를 사고파는 파생시장을 만들고, 남의 주식을 빌려서 팔아버리는 공매도가 성행하는 투자행태를 보여왔다. 이는 많은 투자의 대가들이 남긴 인내와 수익률 불변의 상관관계를 망각한 천박함이다.

지금 우리는 너무도 느린 성장의 시계 앞에 서 있다. 원치 않는 시간적 여유를 과거보다 훨씬 많이 누리기 시작했다. 등산을 가도 산을 부지런히 오르내리는 것이 아니라 산허리나 산 아래를 며칠이나 빙빙 돌며 세월을 죽이고 있고, 과거에는 친구 자녀 결혼식을 가더라도 봉투만 건네고 황급히 발길을 돌려야 할 만큼 분주하던 이들이 이제는 당구장에서 추억에 젖은 게임을 하기도 하고, 자장면을 시켜 먹기도 하고, 그 여유가 노래방까지 이어지기도 한다.

선진국에 진입할수록 시간은 남고 할 일은 적어진다. 앞으로 점점 더 그렇게 될 것이다. 이 남는 시간을 어떤 의미로 만들고,

또 어떻게 보낼 것인가?

앞으로는 누구에게나 이렇게 세월이 남게 될 것이므로, 맡겨둔 자산의 수익률은 예상보다 더 천천히 기다려야 몇 푼이나마 기대할 수 있게 될 것이다. 여유자산으로 투자수익을 기다리며 사는 사람들이 많아지면 많아질수록 같은 조건에서의 수익률이 점점 낮아진다는 것은 자명한 사실이다. 스스로 노동이나 사업을 해서 통제하고 생산하는 수익이 아니고서는 저성장이 체질화해가는 선진국에서 단시간에 돈을 번다는 것은 도대체가 어불성설이다. 그런데도 헤지펀드다 벌처펀드다 하며 나만은 쏟아지는 빗줄기 사이를 피해 갈 수 있다는 가당찮은 기대를 가지고 투자회사를 차리기도 한다.

늘어난 여유시간에 나의 건강과 가족의 즐거움을 위해 자연 속에서 건강한 활동을 즐기는 사람도 있을 것이고, 지친 심신을 달래며 맑은 정신을 갖고자 힐링 프로그램에 참여하는 사람도 있을 것이며, 남을 위해 헌신하며 보람을 추구하는 사람도 있을 것이다. 그러나 도박이나 게임 등 사행성 놀이에 빠져 몸과 마음을 망치고 재산을 탕진하며 사회적 문제를 일으키는 사람도 있을 것이다.

대체로 선진국 대열에 올라서 그 사회의 금리가 낮아지고 국민들의 노동시간이 줄어들면 국가는 슬그머니 사행산업을 풀어준다. 물론 먹고살기 위한 각국 정부의 고육지책인 것이 사실이다. 우리나라에는 6대 사행산업이 있다. 그중 국민들이 자주 접하는 종목들이 경마, 카지노, 경륜, 경정, 복권이다. 하나같이 건전한 여가를 위해 고안되었지만, 사람의 마음이 그렇지 않다. 처음에는 재미로 시작했더라도 돈 잃고 속 좋은 사람 없다고, 본전 생각이 나며 슬슬 탐욕이 생긴다. 어느 순간부터는 여가를 즐기거나 재미를 추구하기보다는 돈을 따기 위해 깊이 빠져든다.

사행산업통합감독위원회에서 2015년에 발표한 자료에 따르면 2014년 우리나라 전체 6대 합법 사행산업의 매출액이 20조 원을 넘겨 5년 전보다 40퍼센트 이상 늘었다고 한다. 또한 서울 부도심 지역의 경마 중계장에만 한 해에 100만 명 이상이 출입하며 5000억 원이 넘는 매출을 올린 것으로 조사되었다. 어느 대학 연구 자료에서는 인터넷, 사설 도박장, 하우스 등을 통해 이뤄지는 지하 불법도박 산업도 60조 원 이상의 규모로 추정하고 있다.

사실상 복권으로 10억 원을 벌 확률은 거의 1000만 분의 1에 불과하다. 우스갯소리로 말하자면, 마른하늘에 벼락 맞을 확률이 약 100만 분의 1로 더 높다. 여러 가지 여건으로 인해 경기가 더욱 위축되고 있는 요즘, 불법도박이나 사행성 놀이에 몰두하는 사람이 많다. 하지만 놀이는 단순히 놀이에서 그쳐야 한다.

돈을 벌기 위해 이런저런 궁리를 하고 애를 쓰는 것을 나쁘다고 할 수는 없다. 하지만 내가 하는 일이 세상에 어떤 영향을 미치고 있는지를 생각해야 한다. 투자를 한다는 것은 소비를 대신하는 경제활동이므로 사람 사는 세상에 도움을 주는 일에 투자하는 것이 마땅하다. 돈이 된다고 해서 무엇이든 무작정 손을 댄다면, 그건 이미 투자가 아니라 투기를 한 셈이다.

미국이 양적완화라는 기상천외한 정책을 통해 그들의 달러를 온 세상에 살포하자 인플레이션을 걱정한 나머지 금을 사들인 사람들이 있다. 일부는 이런 분위기를 잘 타면 돈이 되리란 생각으로 편승하기도 했다. 하지만 이후 인플레이션은 고사하고 오히려 디플레이션의 공포가 등장해 금값은 곤두박질치고 말았다. 이것이 투자의 세계다.

세상이 생산적으로 바르게 돌아가게 된다면, 돈은 다시 금을 떠나 세상의 쓰임이 기다리는 곳으로 흘러갈 것이다. 세상이 제대로 돌아간다면 금은 그다지 매력 있는 투자상품이 되기 어렵다. 요즘은 미니 골드바라는 소형 금 투자상품이 나와 일반인 투자자도 접근이 쉬워졌다. 그러나 금에 대한 투자는 기본적으로 전체 경제가 더 어려워질 것을 전제로 하거나 경기가 폭등할 때 투자해야 하므로 그리 마음 편한 투자는 아니라고 할 수 있다.

글로벌 금융위기로 인해 전 세계의 투자 마인드가 위축되고 있다. 한번 마음이 사라지면 그 여파가 오래가기 때문에 1920년

대공황도 1940년대 중반에 가서야 수습되었다. 미국이나 유럽, 일본, 중국 등에서 돈을 풀어 경기를 살리려는 노력이 진행되고 있지만, 투자시장이 회복되기까지는 상당한 시간이 걸릴지 모른다.

이럴 때 은퇴를 했거나 은퇴를 준비하는 사람들은 힘들어도 스스로 몸을 움직이고, 물건이나 서비스를 생산하거나 자급하며, 가급적 자산을 직접 활용하는 자세가 필요하다. 남에게 맡긴 미래의 연금이나 자산수익은 마음의 위로이지 항구적이고 안정적인 생활대책이 되기에는 모자란다.

노후에 단순히 투자수익이나 자산수익만으로 살아가려고 한다면, 긴 세월 기다려서 적게 버는 저성장 저수익 사회에서는 현명한 전략을 갖고 있다고 보기 어렵다.

만일 그럼에도 불구하고 자산수익을 기대한다면 인내를 자본으로 삼고, 자신의 힘으로 할 수 있는 일거리를 찾아 나서야 한다. 스스로의 인간가치를 높일 때, 값진 투자수익을 얻게 될 것이다.

# 소비만 하는
# 경제는 오래
# 지속될 수 없다

언제부터인가 일하지도 않고 저축도 하지도 않으면서, 소득(income)이 아닌 이득(gain)을 얻고자 하는 사람들이 늘었다. 덕분에 전 세계에 재무적 투자(Financial Investment)가 일상화되었고, 우리나라에서도 '재테크'란 이름으로 성실한 근로자들까지 근무시간에 주식시세를 들여다보거나 무리하게 내 집 장만을 해 집값 상승을 노려보려는 열병이 휩쓸게 되었다. 그러다 보니 기업활동에는 사실상 별다른 변화가 없는데도 주식시장에서는 기업의 주식을 둘러싸고 하루 사이에도 엄청난 거래와 가격변동이 이루어지고, 누구나 살 집 한 채만 있으면 그만인데 한 사람이 임대사업자도 아니면서 오로지 차익을 겨냥해 여러 채의 집을 매점매석해 집값을 천정부지로 올려놓는 사태도 벌어진다.

건강한 경제질서를 위해서는 땀 흘려 일하고, 그 보람과 성과로 살아가는 것이 마땅하다. 그런데 재무적 투자가 성행하면서 돈만 있으면 편히 살 수 있고, 돈이 최고라는 그릇된 생각이 지배하여 남의 돈을 빼앗거나 돈 없는 부모를 홀대하고, 돈만 많이 주면 직장을 때려치우는 일들도 허다하다.

금융자산에 근거한 복지사회도 그렇다. 나이가 들었을 때 젊어서 모은 돈의 이자나 배당금으로 살 수 있다고 믿는다면 오산이다. 결국 그 돈도 여러 위험이 도사리고 있는 금융자본 시장에서 운용되어야 한다. 미래의 어느 날, 금융자본 시장이 오늘날처럼 큰 위기를 맞아 돌이킬 수 없는 파산을 초래하면 누구도 책임져주지 않는다. 따라서 금융자본에 의한 미래 설계는 안심할 수 없다. 지금까지 금융제도나 금융시장은 수시로 파산을 경험했고, 그때마다 국민들이 피해를 분담하여 수습하는 과정을 반복해왔다.

작금의 글로벌 금융위기만 하더라도 소위 선진국이라는 국가에서 금융제도가 무너져 금리를 제로로 만들고 돈을 지천에 뿌림으로써 사태를 수습하려는 것을 보면, 금융시장에 의탁한 재무적 삶이 얼마나 불안한 일인지 자명해진다. 이런 어리석은 경제운용은 이쯤에서 그만두어야 한다.

오늘날 자본주의의 특징은 국가가 부유해지면 부유해질수록 국민들 개인 간의 격차는 커진다는 점이다. 이는 경제가 고도화됨에 따라 발생하는 결과로, 기술과 지식과 자본의 격차가 고스란히 소득과 재산의 격차로 나타나기 때문이다. 그리고 바로 지금 우리나라가 그러하다. 세계적으로 경쟁력을 갖춘 우리 기업들은 자랑스럽게 성장세를 거듭하고 있는데, 정작 내수소비나 서비스 경제에는 연결되지 못하고 있으며, 국내의 젊은이들이 일할 곳은 좀처럼 늘어나지 않고 있다. 게다가 수명은 길어지는 데 반해 짧아진 직장생활 때문에 기약 없는 노년을 살아가야 하는 퇴직자들도 늘어만 가고 있다.

이러한 변화로 인해 정치·사회의 이슈가 분배와 복지에 집중되고, 기부, 부자증세, 무상지원 등의 사회적 가치들이 논쟁의 중심에 서게 되었다. 우리나라도 본격적인 복지국가 논의가 시작되면서 국민 개개인의 가치관이 변해야 할 시기에 접어들었다. 그동안 우리나라는 분배냐 성장이냐를 놓고 정치적·사회적으로 대립과 타협을 되풀이하며 상당한 시간을 보냈다.

소위 분배를 논의할 때 짝지어 등장하는 것이 바로 '성장'이다. 성장은 파이를 키워야 나눌 것이 많다는 개념이다. 반면에 분배는 지금 당장 나누어야 한다는 개념이 강하다. 여기서 문제가 되는 것은 성장이 갖는 속성이다. 성장의 수준과 목표는 끝을 모르기 때문이다. 말 그대로 성장이다. 도착 지점이 없다. 결국 성장은 탐욕의 노예가 되기 쉬운 개념이다.

수조 원의 재산을 가진 세계적인 부자들에게서 성장이란 단어의 속성을 분명하게 볼 수 있다. 만일 그들이 성장의 함의를 궁극적으로 분배를 위한 밑천으로 생각했다면 일찍이 많은 것을 나누면서 여기까지 왔을 터다. 하지만 그런 경우는 매우 드물다. 그런 점에서 분배는 지금 당장 할 수 있을 때 해야 한다는 생각으로 사회적 합의를 이끌어내야 한다.

최근에 빈번하게 회자되는 '공정한 사회'라는 말을 들어보자. 영단어 'consolation'의 사전적 의미는 '위로'다. 여기에 'match'를 붙이면 consolation-match, 즉 '패자부활전'이란 의미를 갖는다. 'match'에는 '어울림'이란 의미도 있는 만큼 패자부활전을 의미하는 consolation-match는 '위로의 어울림'이란 의미로도 해석할 수 있겠다.

기업은 늘 경쟁과 변화를 감내해야 한다. 그런 만큼 영원한 고용을 책임져주지 않는다. 따라서 직장인에게 실업과 해고는 언제든지 맞닥뜨릴 수 있는 운명이다. 문제는 사회가 그러한 실직자들에게 패자부활의 기회를 제도적으로 제공하고 있느냐 하는 점이다. 실업수당이나 직업교육만으로 그러한 사회적 기대를 충족하기는 어렵다. 다시 일할 수 있는 재취업의 기회가 실질적으로 제공되어야만 비로소 패자부활전의 의미가 실현된다.

공정한 사회는 이처럼 재취업의 기회가 지속적으로 주어지면서 해고와 구조조정을 할 수 있는 사회여야 한다. 재취업의 기회는 산업 간 인력 조정, 공기업의 역할 변화, 한계기업에 대한 지원, 창업의 활성화 등 다양한 방안으로 가능해질 수 있다. 또한 가족을 중심으로 견고한 가업의 기반을 닦도록 지원하고, 그러한 가업들이 주변의 실업을 해결하는 구조가 잘 구축되어야 한다.

소비하는 일을 세상사의 중심에 두면 그 삶은 오래 지속될 수 없다. 미국의 경우, 신대륙으로 이주한 그들의 선조는 근면하고 검소한 삶을 통해 오늘의 강대국을 이룩했는데, 그런 미국의 정신을 찬양하는 목소리는 이미 오래전에 사라졌다. 최대 생산국인 미국은 최대 수입국가로 변모하면서 손쉬운 고수익 산업구조에 빠져들었다. 소비나 주택경기 등 금융환경에 의해 좌우되는 경제 체질을 만들어온 것이다. 1980년대 이후 금융산업, 오락산업 등으로 대변되는 미국의 경제는 한마디로 쾌락과 쾌감의 경제였다.

우리라고 이런 미국의 전철을 밟지 말라는 법은 없다. 이미 우리 사회 곳곳에 그런 증후가 감지되고 있다. 재테크로 쏠리는 투기적 면모도 그렇고, 점점 내려가는 저축률도 그런 조짐을 보인다.

공장은 줄어들고 대형 창고나 마트만 늘어나면 위험신호로 봐도 좋다. 전 세계의 값싼 물건을 수입하는 데만 몰두하면 문제는 점점 커진다. 나중에는 생활용품 대부분을 수입에 의존해야 하는데, 지금 제조업으로 선회하려 하는 미국이나 유럽 등이 그러한 세월을 적잖이 보냈다.

미국은 서브프라임 모기지 사태 이후, 지나온 시간을 되돌려 그들의 출발지였던 제조업으로 회귀하려 노력하면서 어느 정도 기본을 찾아가는 중이다. 심지어 프랑스, 이탈리아 등에서는 사회적 임금을 내려서라도 생산국으로 돌아가려 하고 있으며, 스페인은 노동자당에서 먼저 노동유연성을 높이는 노동개혁 법안을 내놓아 우리를 놀라게 하고 있다.

그렇다면 미국과 유럽의 선진공업국들은 희망이 있다. 그들에게는 큰 시장과 자원, 인재, 기술이 있다. 우리에게 기술과 시장을 제공해온 이들의 변신을 통해 우리의 오늘과 내일을 전망하고 대비하는 지혜가 필요하다.

# 02

# 100세 부자의
# 삶의 기술

우리의 생활물가에는 경로우대가 없다.

저축 통장은

삶의 마지막까지 동행하는

심리적 반려자여야 한다.

# 일은
# 경영하는 것이 아니라
# 영위하는 것이다

성장률이 낮아지는 사회가 되면 창업은 아주 어려운 과제로 인식된다. 기존에 있던 회사들도 서로 합치고 뭉쳐서 그동안의 치열했던 점유율 싸움에서 벗어나려 한다. 그래서 선진국으로 갈수록 인수합병을 뜻하는 M&A가 성행하고, 기업을 인수해 해체하여 팔아서 버리는 A&D 같은 비정상적인 경영기법도 등장한다.

점점 저성장사회로 진입하는 이런 상황에서 우리는 일에 대해 '무엇을 경영(management)할 것인가'가 아니라 '어떤 삶을 영위(lead)할 것인가'의 문제로 접근해야 한다. 어떤 사업을 일정한 꿈을 가지고 전략적으로 펼쳐 나가는 것이 경영이라면, 어떤 모습의 삶을 그리며 일상을 하루하루 꾸려 나가는 것을 영위라고 할 수 있다.

즉 그림 그리기를 좋아하는 사람이 디자인회사를 세워 도구를 사들이고 거래처를 늘리는 것은 경영이고, 평소 화실에서 취미로 그림을 그리다가 지인의 부탁으로 새로 준공하는 건물 벽에 동료들과 함께 벽화를 그리는 것은 화가로서의 삶을 영위하는 일이다. 선진국에 진입할수록 모든 일은 이렇게 일정한 형태 없이 생활 속에 파고들어 느리고 천천히 다가온다.

기존의 패러다임에서는 경영을 하려면 성장률 목표를 먼저 세우기 마련이었다. 그런데 저성장사회는 여기서부터 막힌다. 기업들은 자신들이 기반한 국가의 성장률이 낮아지면 그와 유사한 영향을 받는다. 따라서 성장을 최우선으로 두는 전략에서 선회해, 공존과 생존의 기치를 세우고 이를 실천하는 새로운 길을 찾아 나서야 한다.

그중 하나가 협동조합이다. 생산자끼리 협동을 실천하려는 사람들은 생산협동조합을 만들어 서로 경쟁을 피하면서 공동 작업을 도모하고, 소비자끼리 힘을 모으는 사람들은 소비협동조합을 만들어 검소하지만 실용적인 소비생활을 공유하려고 한다.

어떤 사람들은 삶의 공백을 메우고자 봉사활동을 한다. 국가나 지자체는 이러한 개인의 활동으로 공공예산이 절약되면 봉사자들에게 일정한 대가를 지급하기도 한다. 이른바 사회적 기업활동은 이러한 배경을 가지고 탄생한 일거리다.

학교를 졸업하고 당장 근사한 일자리를 찾는 일은 우리처럼 선진국에 들어선 나라에서는 참으로 어려운 일이다. 경제활동이 무르익은 사회에서는 집단적이고 기획적인 비즈니스 기회가 흔하게 남아 있지 않다. 스스로 무언가를 찾아내고, 하루하루 자신의 삶을 꾸려가는 자세가 필수적이다.

지금은 사회적 명사가 된 분이지만, 젊은 나이에 독도 우리 땅 알리기, 동해 표기 바로잡기 등 나라의 홍보활동을 자발적으로 맡아 민간대사처럼 활동하던 모 인사는 이제는 정부의 지원도 받고 어느 대학의 교수가 되었다. 그가 처음부터 이러한 대접과 기대를 가지고 한 일은 아니지만 우리 국가와 사회에 필요한 중요한 일을 개인의 힘으로 해내는 모습을 보고 나라와 국민들이 힘을 보탠 것이다.

이처럼 하루하루 내가 할 수 있는 일을 찾아서 조금씩 하다 보면 언젠가는 세상이 실력을 알아주고 그 필요성을 인정받아 수입으로 연결되거나 아예 일자리가 되기도 한다.

요즘 도심의 거리에는 외국인의 관광안내를 맡은 시민들이 자주 눈에 띈다. 대부분은 예전부터 올림픽을 비롯한 국제적인 행사에서 자원봉사자로 일한 경험이 있는 사람들이라고 한다.

이제는 정부나 지자체가 예산으로 이들을 지원하여 체계적인 외국인 안내도우미를 육성하는 세상으로 변하고 있다.

이처럼 우리 삶은 확실한 매출과 손익이 보장되는 경제활동으로만 지탱되는 것은 아니다. 나에게 주어진 시간과 공간과 에너지와 관심사를 가지고 무언가를 시작하고 움직이고 뛰어가는 삶을 살다 보면, 어딘가에서 내 삶의 가치가 객관적으로 평가돼 보상받기도 하고 다른 가치와 교환되기도 한다.

점점 우리의 삶은 특정한 목표를 가지고 도전하고 경영하는 세상이 아니라, 건강과 행복과 안녕을 기원하며 하루하루 삶을 영위하는 세상이 되어가고 있다. 이렇게 영위(lead)하는 것이 삶이라는 것을 깨닫는다면, 일자리가 없는 시간은 실업의 시간이 아니라 생명과 생활을 중심으로 꾸준히 삶을 꾸려가는 시간(lead time)임을 스스로 알게 된다.

이런 사회에서 이웃과 가족과 동료들의 삶을 솔선하여 이끌고 도모하고 보살피는 사람들이 바로 새로운 시대의 리더다. 앞으로 우리 중에 이러한 삶을 살아가는 자발적이고 헌신적인 사람들이 많이 나타나리라 본다.

장차 학교에서나 사회에서 누구나 자신이 리더라는 인식과 태도로 맡은 역할을 다하는, 건전하고 자발적인 나눔과 헌신의 삶을 배울 수 있기를 바란다.

# 협력과
# 협동의 가치를
# 생각하다

　　　　　　　우리의 전통적 관점에서 보면 다
분히 생경한 서구식 무한경쟁과 적자생존의 룰을 받아들인 지
이미 오랜 시간이 지났다. 그러나 급속히 진행된 경제성장에 발
맞춰 제도적 정비를 하지 못한 탓에 재화가 민주적으로 배분되
지 못했다. 자원과 정보가 여전히 특정 계층에 집중된 상황에서
우리의 한국식 시장경제는 가혹한 배금주의와 경쟁구조로 빨려
들고 말았다.

　"돈 가지고 안 되는 게 어디 있어?", "돈 나고 사람 났지"라는
비아냥거림도 이런 분위기에서 등장했다. 값비싼 주택이나 고

급 자동차, 골프 회원권 등이 마치 새로운 사회 신분인 양 활개치는 풍경도 섣부른 경쟁과 경제적 방종이 가져다준 시대의 숙제들이다.

하지만 치열했던 민주화의 터널을 지나고 저마다 함께 사는 삶을 모색해 나가는 과정에서, 어느 순간부터 공정과 공유, 공생의 사회적 가치라는 옷을 입은 세상이 우리에게 성큼 다가서고 있음을 감지할 수 있다. 나랏일도 공무원들이 공권력을 앞세워 밀어붙이던 예전과 달리 국민들의 사회적 합의(consensus)를 거치지 않으면 안 되는 분위기가 조성되었다. 기업 역시 주주와 경영자가 밀실에서 좌지우지하던 세상에서 소비자, 거래처, 직원, 정부 등 모든 이해당사자(stake holders)가 경영에 관여하면서 모든 주체들과의 공약수(partnership)를 찾아야 하는 세상으로 바뀌고 있다.

이런 세상의 변화를 두고 효율이 떨어지고 추진력이 낮아진다며 비판하는 사람도 있지만, 이미 우리 사회는 '발전하는 나라'라는 패러다임에서 '모두가 행복한 사회'로 국가 정체성의 사상적 뱃머리를 돌리는 중이다. 왜 그럴까?

우리는 지구상 어느 나라보다도 빠르게 산업사회의 발전 모델을 구축하고, 온 국민이 힘을 모아 오랜 가난을 슬기롭게 극복한 자랑스러운 경제개발의 현대사를 가지고 있다. 하지만 그러는 동안 빈부격차와 사회적 소외라는 그늘은 제대로 보지 못했다.

우리의 세계적 기업들이 연일 놀라운 실적을 거두고 있지만, 국민은 기업들의 화려한 성과가 자신의 일상 및 경제적 지위 향상으로 이어진다는 느낌은 받지 못하고 있다. 여기저기에서 부자들이 등장하고 있지만, 청년들의 일자리는 점점 구하기 어려워지고, 이는 부모들에게도 고스란히 부담이 되고 있다. 더욱이 갈수록 늘어나는 노인인구는 나라의 재정을 더욱 무겁게 하고 있다.

풍요로운 나라로 발전하고 있다는 공동의 기대와 자신감은 어느덧 과거가 되었다. 시간이 흐르며 상황은 변했고, 다시금 우리는 각자 스스로 앞날을 개척하며 살아가야 하는 엄혹한 현실에 마주했음을 깨닫게 되었다. 먹고사는 걱정이 없을 때 만나는 자유는 행복의 원천이다. 하지만 사방이 막막한 황야에서 마주하는 자유는 두려움과 외로움, 서러움으로 뒤엉켜 있다. 누구나 직장에 있을 때는 일하지 않고 쉬는 자유로움을 꿈꾸지만, 일자리를 구하지 못하는 시간이 길어지면 일하지 않고 사는 세상이 얼마나 가혹하고 겁이 나는지 가슴 절절하게 깨닫게 된다.

남에게 필요한 것을 만들고 제공하는 능력을 갖춰야 살아갈 수 있는 개인경제의 시대가 소리 없이 들이닥치고 있다. 그러나 경제문제를 다루는 지혜는 사람마다 다르다. 누구에게는 경제문제가 재미있고 쉬운 일 중에 하나라면, 누군가에게는 이보다

골치 아프고 부담스러운 일이 없다. 그러다 보니 자신의 문제이지만 세상이 대신 해결해주길 바라는 마음도 생긴다. 때문에 안정된 직장을 찾고 착실히 저축하며 미래를 준비하는 삶을 구상하지만, 무엇 하나 직접 뛰어들어 감내하지 않으면 아무것도 이룰 수 없는 세상에 부딪히고 나서야 무리한 기대였음을 깨닫는다.

예로부터 자신의 먹을거리를 찾는 문제는 엄격히 개개인의 문제이거나 가정사였다. 자녀 양육이나 부모의 노후대비 역시 마찬가지였다. 하지만 세월이 흐르고 경제 및 사회구조적 문제까지 맞물리면서 이제는 개인이나 가족이 아닌 바깥에서도 그 해법을 찾아야 하는 시대가 되었다. 그래서 취업이다, 교육이다, 복지다 하는 문제들에 대해 점점 사회적 해결책을 요구하는 것이다.

선진국이고 후진국이고 이런 문제에 대해 돈을 풀어 대중의 요구에 부응하려다 보니 돈을 엄중하게 관리해서 물가나 저축의 가치를 안정화시키려는 통화관리정책은 어느덧 옛날이야기가 되어가고 있다. 하지만 아무리 돈을 풀어서 경기를 회복시키려 해도 사회가 반응하지 않으면 헛바퀴가 돈다는 인상을 받는다. 예전 같으면 기업에 돈을 공급해주면 즉각 투자나 고용에서 반응이 있었는데, 지금은 주택 구입이나 자동차 소비 같은 사회적 소비가 받쳐주지 않으면 제아무리 시장에 큰돈을 풀어도 여간해서는 메아리가 되돌아오지 않는다. 투자만 해도 대기업 기획실에서 총수의 지시에 따라 큰 틀에서 시행되던 시절은 지났다.

개개인의 생각과 의도가 모여 협력과 협동·협업의 방식으로 시민사회의 수평적 연합이 이루어지는 시대로 접어들었다. 이 또한 사회적 경제활동의 성격을 지닌다. 결국 정부 정책이나 기업의 성장은 대중이 소속된 사회가 서로서로 십시일반의 마음으로 이어져 돌아가야 원활히 작동하는 시스템이라는 것을 실감한다. 그러니 무엇 하나 사회적 문제가 아닐 수 없다. 사회적 해법이 필요한 이유다.

지금의 경제문제는 정부의 정책과 기업의 결재 라인에서 결정되던 것이 이웃 간의 마을회의나 집안의 가족회의로 넘어오고 있음을 감지해야 한다. 따라서 정책들은 이로 인한 사회적 기회의 공정성을 감안하고 재화를 공급해야 하며, 기업은 사회적 비용을 고려한 기술과 상품의 고급화를 추진해야 한다. 예컨대 동네 구멍가게의 퇴로나 구제책을 마련하지 않은 채 대형마트를 허가하면 결국 우리 사회가 밀려난 구멍가게의 생계를 도와야 하며, 그 비용은 모두 마트에 가보지도 않은 시민을 포함한 전체 시민들의 부담이 될 수밖에 없다.

자동차 기술이 하루가 다르게 성장하고 연일 신차가 나오는 상황에서 국민은 제대로 저축도 못하면서 수시로 차를 바꿔야 하고, 정보통신 기술과 제품의 눈부신 발전에 발맞춰 연일 스마트폰을 바꾸거나 과도한 통신비를 내기에 바쁘다. 결국 정보통신이나 생명공학이나 모두 사회적 소비가 불가피한 기술과 제품임을 생각해볼 때, 아무리 과학이 가져다주는 선물이라 하더라도 우리 사회가 감당해야 할 기회비용과 그로 인한 부작용을 함께 내다보며 성장의 묘를 구사하는 지혜가 필요하다.

글로벌 기업들이 연일 깜짝 놀랄 만한 기술과 제품을 내놓다 보니 한정상품이라는 옷 한 벌을 사려고 길바닥에 담요를 깐 채 며칠 밤을 지새우는 경우도 있고, 내구소비재인 자동차를 사다가 이것저것 뜯어고쳐 다시 사고파는 경매파티가 방송을 타는 세상에서 소비자로서 인간의 품위를 지키고 사는 일은 참으로 어려운 과제다.

돈 앞에서 바보 되기 십상인 세상이 우리 앞에 다가오고 있지만, 한편으로 누군가는 뜻이 맞는 사람과 함께 무언가를 만들고 팔며 오늘도 구슬땀을 흘리고 있다. 또 누군가는 정직하고 가격이 합리적인 기저귀 하나 사기 위해 같은 처지의 부모들과 정보를 주고받으며 손을 맞잡는 똑똑한 소비를 하고 있다.

아무리 기술이 발달하고 글로벌 기업들이 기습해와도, 서로 손을 맞잡고 도우며 현명하게 출구를 찾아 나간다면 이 혼돈의 시간을 이겨낼 수 있을 것이다.

# 감성자본은
# 고갈되지 않는
# 에너지다

　　　　　시장과 기업이 이성과 경쟁으로
지배되는 현장이라면, 인간 공동체는 공존과 감성의 원리로 돌
아간다. 외부의 대상을 다양하게 느끼고 지각하는 감성은 우리
를 사람답게 하는 핵심 요인이다. 요즘 이러한 감성이 대중화되
고 객관화되어 하나의 가치와 개념으로 등장하고 있다. 국정 차
원에서는 '감성 행정'으로, 경영 차원에서는 '감성 경영'으로, 교
육 현장에서는 '감성 교육'으로 나타난다.

　명실공히 감성의 시대다. 감성은 잘 다듬으면 살아가는 힘이
되고 자산이 된다. 개인에게 있어 감성자산(emotional asset)은 자신

을 온전히 다스리면서 남의 마음을 움직이는 힘을 말한다. 정보통신의 발달이 가져온 SNS 세상은 누구나 마음만 먹으면 소통과 공감의 장으로 나아갈 수 있도록 문을 활짝 열어두고 있으며, 대중의 감성들은 그 기반 위에서 날개를 달고 비상하고 있다. 그런 만큼 기업과 개인이 부단히 자기만의 감성을 키우고 발휘하는 한편 사회의 감성과 공감하는 능력을 키워야 한다.

옳고 그름을 따지기보다는 서로 소통하고 공감하는 상황인가를 더 크게 인식하는 시대다. 생각 있는 느낌, 느낌 있는 행동에 기초한 인격과 교양, 지성의 형성이 요구되고 있다.

규칙이나 질서, 엄격, 철저와 같은 경직된 단어에서 관용과 겸양, 배려와 같은 따뜻한 감성적인 언어가 어느새 우리 사회를 움직이고 있다. 의사가 환자를 치료하는 것보다 환자와 대화를 나누고 위로하고 힐링(healing)하는 차원의 능력이 더 필요하다는 판단에 따라 의과대학의 입시에 인문계 출신을 허용하는 문제가 사회적 이슈로 떠올랐을 만큼 감성은 디지털문화 시대의 주요한 키워드로 떠올랐다. 발전을 거듭해온 정보통신 기술이 이제는 오락과 게임을 중심으로 한 문화콘텐츠로 더욱 부각되는 점에서도 감성을 시대 언어로 강하게 받아들여야 하는 분위기를 읽어낼 수 있다.

제조업에서도 제품과 사람의 감성적 만남을 염두에 두고 물건을 만들어야 한다. 소비자가 특정 기업에 애착을 갖고 그 기업의 제품과 서비스를 지속적으로 이용하는 것은 그 기업과의 감성적 공감이 이루어졌기 때문이다. 처음에는 제품의 가격이나 품질이 이유였다 하더라도 그 기업의 브랜드 이미지가 나를 행복하게 하거나 그 제품을 사용함으로써 삶이 풍요로워졌다고 느낀다면, 그것은 그 기업의 제품 및 서비스에 대해 깊이 감정이입해서 감성적 가치가 자신에게 젖어들고 있기 때문이다.

사람들은 아주 오랜 시간에 걸쳐 자신과 자신을 둘러싼 환경의 관계를 하나의 이미지나 느낌으로 동일시하거나 치환하게 된다. 과거 물질적 산업사회에서는 기능과 효능, 본질이란 가치를 중시하였다면 현재의 심리적 산업사회는 느낌과 이미지, 감성이라는 가치를 부각한다. 자동차만 하더라도 재질이나 성능보다는 디자인과 색깔에 먼저 마음이 끌린다. 이렇게나 다른 세상이다. 물질이란 인간의 삶의 가치를 영원히 담아두기엔 본질적으로 함량이 부족한 탓에 선진국으로 발전해가는 우리 사회에서도 심리적 가치가 갈수록 중시되고 있다.

자본이나 설비를 중심으로 생산성을 추구하던 시절에는 사람들이 단순히 기능적인 일을 하는 부속품 같은 존재였다면, 행복과 기쁨, 만족, 보람 등의 감성적인 가치를 추구하는 세상에서는 사람의 존재를 부정해서는 일을 할 수가 없다. 자신만의 독특한 감성으로 세계인의 오감을 파고든 싸이를 보라. 결국 타인의 감성을 이해하고 받아들이는 힘이 곧 자본인 시대가 온 것이다.

이렇게 상업적 관계가 감정의 소통과 상생의 공동체로 흐르는 사회적 관계로 변모해가고 있다. 제품과 서비스를 매개로 서로의 성공 체험과 기회를 공유하고 사랑과 관심을 나누면서 공공의 가치를 함께 실현하는 사회적 끈이 생겨난 것이다. 하나가 모여 둘이 되고, 앞서가는 사람이 뒤에 오는 사람에게 손을 내밀어주고, 힘에 부친 사람의 등을 밀어주는 광경은 언제 봐도 잔잔한 감동을 준다.

나의 자본, 타인의 자본으로 구분되는 냉혹한 자본의 세계에서도 형편이 어려운 사람들이 부채상환의 어려움을 겪으면 이를 공론화하여 상환을 유예하거나 원금을 탕감해주는 사례가 나타나기도 한다. 이러한 모습을 보고 있노라면 제아무리 서로 이익을 다투는 험한 세상일지라도, 그 안을 살아가는 사람들은 '아직 인정이 살아 있구나' 하고 느낀다. 그래서 어떤 사람들은 선한(good hearted) 경제가 가능하다고 믿는다. 인간의 마음을 통해 신성한(sacred) 경제를 실현할 수 있다고 믿는 사람들도 있다.

경제운용의 기본 룰은 항상 그 당시의 상황에 기초한다. 예컨대 자연재해가 인간의 생존을 위협하면 시장경제는 제대로 작동할 수가 없다. 급박한 상황에서 누가 단순한 약속에 불과한 화폐로 미래의 삶을 저장하려고 하겠는가.

인간은 항상 '불안한 미래를 어떻게 안정적으로 대비하고 대처하는가'에 신경을 곤두세운다. 국가나 사회가 필요한 이유도 바로 그러한 인간의 앞날에 대한 불신에서 비롯된 것이 아닐까. 요즘 여러 사회보장 대책이나 연기금 등에 대해 많은 생각을 한다. 이러한 시스템들이 과연 언제까지 안전하게 약속대로 작동될 수 있을까.

결국 모든 일의 중심에는 사람과 자연에 대한 사랑과 보살핌이 깔려 있어야 한다. 그런 가치가 사회적으로 부상함에 따라 감성사회가 등장하고 있다. 새로운 세상을 살아가는 힘은 바로 개개인 가슴속에 피어 있는 감성자산이다.

이 감성자본의 힘은 누구에게나 있다. 그 질량도 충분하며, 마음만 먹으면 얼마든지 재충전이 가능하다. 기업경영을 돈이나 물질 같은 재화로만 따지면 금세 밑천이 드러나지만, 작은 일이라도 사람들과 마음을 모아 도전하는 감성자본이 있다면 서로 포기하지 않는 한 언제까지나 그 힘이 보충되고 커질 것이다.

타국 멀리까지 먼 길을 떠나 험한 산을 오르는 산악인들이 등에 지고 가는 식량은 시간이 지나면 고갈되지만, 힘들수록 서로 의지하고 하나가 되는 뜨거운 감성자본이 뒷받침된다면 그중 누군가는 반드시 정상을 밟는다. 함께 오르는 사람에게는 누가 정상을 밟느냐가 중요하지 않다. 공동의 목표를 이루면 그것으로 기쁨을 나누며 다음을 기약하는 에너지를 얻는다. 그것이 바로 감성자본이다.

# 생활물가에는
# 경로우대가
# 없다

파란 하늘, 새털구름과 무리 지
어 날아가는 철새들의 모습을 올려다보고 있으면 삶의 근원적
인 물음들이 하나둘 고개를 든다. 어떻게 살아야 할까? 어디로
가야 할까? 선생님이 내주시던 숙제만 하면 마음껏 뛰놀 수 있
었던 어린 시절이 가장 행복했던 것 같다. 며칠 밤을 꼬박 동료
들과 함께 깊은 산중을 걷다가 새벽 찬이슬에 얼굴을 씻던 훈련
병 시절이 지금보다는 마음 편한 시절이었던 것 같기도 하다.

하루하루 살기가 팍팍하던 지난날에는 가족들이 그야말로 한
솥밥을 먹고 한 이불을 덮고 자면서 한 뼘이라도 더 넓은 방을

그리워했지만, 그래도 은행 빚이나 카드 빚, 캐피탈이나 저축은 행에 빚은 없었다. 마음에 한 점이라도 빚이 있으면 발 뻗고 살기 힘든 법인데, 요즘은 너나없이 금융부채를 무시로 지고 산다. 그런가 하면 땀 한 방울 흘리지 않고 내 것이 아닌 것을 누리며 사는 사람도 있다.

누가 나를 대신해 땀 흘려 식량을 생산하고 옷을 만들고 에너지를 생산하는지, 그리고 그런 일을 정말 평생 하지 않아도 되는지 묻지도 않은 채 우리는 모른 척 살아가고 있다. 무임승차 같은 우리 삶의 부채들이 어딘가에 잔뜩 쌓여 있다가 어느 날 망령처럼 벌떡 일어나 성큼 다가와서는 무거운 책임을 강요할지도 모를 일이다.

우리는 요즘 온 사방에서 들이닥치는 사회적 지출을 감당해야 할 미래를 놓고 엄청난 가위에 눌리고 있다. 연금, 건강보험, 역모기지론 등은 유구히 그 맥을 이어오는 강줄기 같은 것일까, 아니면 어둠이 내리면 사라지는 저녁노을 같은 것일까?

이제 우리는 갈수록 길어지는 삶, 홀로 지내야 하는 인생에 대한 준비를 해야만 한다. 기대수명이 늘어나면서 이미 삶의 많은 부분이 달라졌고, 앞으로도 그럴 것이다. 일단 결혼이라는 풍속부터가 그렇다.

우리 정부 통계청이 2013년 12월에 발표한 전망을 보면, 2010년에 태어난 우리 국민은 일생의 절반 가까이를 미혼인 채로 보내게 된다고 한다. 남성의 경우는 79퍼센트가 결혼을 하고 21퍼센트는 평생을 미혼인 채로 살다가 죽으며, 여성의 경우는 85퍼센트가 결혼을 하고 15퍼센트가 미혼인 채로 살다가 죽는다고한다. 결혼을 하더라도 남성의 23.4퍼센트가, 여성의 24.5퍼센트가 이혼을 경험하며, 남성은 일생의 51퍼센트 기간에 해당하는 40년을, 여성은 일생의 43퍼센트에 해당하는 36년을 미혼으로 살아가게 될 전망이라고 한다. 초혼 연령은 남성은 33세, 여성은 30세로 전망되었다. 일생 동안 결혼하는 횟수는 남녀 기혼자 모두 1.2회로 다섯 명 중 한 명은 결혼을 두 번 정도 하는 것으로 예상된다. 결혼생활이 종료되는 이유로는 남성은 56퍼센트가 본인 사망, 25퍼센트가 이혼, 배우자 사망이 18퍼센트였다. 여성은 배우자 사망이 62퍼센트, 이혼이 25퍼센트, 본인 사망이 13퍼센트로 분석되었다.

이를 미루어볼 때 수명이 길어질수록 혼자 지내는 기간이 크게 늘어나리라는 것을 알 수 있다. 이런 추세로 100세 인생이 보편화된다면, 사는 방식과 나이 들어가는 방식에 대해 다시 생각해봐야 한다. 그런 점에서 다음과 같은 삶의 태도를 제안하고자 한다. 각 머리글자를 따서 일명 '아싸(ASSA)'다.


■ **Action**　　행동하는 일상을 살아야 한다. 요즘은 경제학에서도 행동경제학의 의미가 커지고 있다. 가급적 생산적인 경제

활동에 직접 참여하면서 가능한 무엇이든 손수 해결하는 태도를 가져야 한다.

■**Study**　늘 공부하는 삶을 살아야 한다. 세상의 변화는 잠시만 눈을 돌려도 그 추이를 놓치기 쉽다. 새로운 지식을 인지하고 분별하는 일에도 점차 둔해지게 된다. 일찍이 장자도 나이 들수록 친구들과 어울려 배우는 데 힘써야 인생이 값지다고 하지 않았던가.

■**Serve**　받기보다는 주려는 삶의 자세를 가져야 한다. 흔히 나이가 들수록 입은 닫고 지갑은 열라고 하는데, 그와 비슷한 맥락이다.

■**Asset**　자산을 관리하는 지혜다. 요즘 '장수위험(Longevity Risk)'이라는 것이 연구되고 있는데, 모아둔 재산을 다 쓰고도 수명이 남아서 노후에 빈곤에 처할 가능성이 있기 때문이다.

만일 한 달에 250만 원을 쓰는 은퇴 부부가 빚 없이 집을 가지고 있고, 수중에 4억 원 정도의 자산을 가지고 있다고 가정하면, 선진국의 경험적인 자산수익률로 본다면 20년 후에는 재산이 제로가 될 수 있다는 연구가 나온 적도 있다. 우리가 이제 선진국 문턱에 들어서는데, 선진국일수록 자산수익률은 당연히 낮아지니 갈수록 이 문제는 심각해질 것이다. 그러나 수입품에 의존하는 우리의 생활물가에는 경로우대가 없다는 사실을 곰곰이 되새겨야 한다.

그래서 나이가 들수록 반드시 검소하게 살아야 하고, 그런 와중에도 성실히 저축을 생활화해야 한다. 먼 훗날 배우자와 사별하여 혼자 남게 되더라도 생활비는 기왕에 부부가 쓰던 돈의 70퍼센트 정도가 소요된다고 한다. 이런 사정을 감안하여 매달 생활비를 줄이거나 수입을 늘려 은퇴 후에도 저축한다면 다시 상당한 자금을 모을 수 있다. 저축 통장은 삶의 마지막까지 동행하는 심리적 반려자여야 한다.

노후에 재혼하는 경우에도 한 지붕 아래서 살 뿐 경제적으로 합치는 경우는 드물어서 소위 각자 딴 주머니를 차고 사는 비율이 높으며, 생활비나 용돈 씀씀이도 상황에 맞춰 조정하기보다는 과거의 습관을 고수하는 경우가 많아 다툼으로 번지기 쉽다고 한다. 또한 각자 딸린 자녀의 보유자산과 재정문제로 미묘한 상황이 연출되는 경우도 빈번해, 경제적 능력과 습관, 관념이 다양한 갈등의 씨앗이 될 수도 있다는 지적이 있다.

실제 재혼 희망자를 대상으로 설문조사를 해보았더니 재혼 후 돈 관리는 '각자 하겠다'는 답변이 45.7퍼센트, '자신이 주도적으로 하겠다'는 답변이 30.7퍼센트로 나타나 상대에게 맡기지 않겠다는 비율이 70퍼센트가 넘었고, 배우자에게 맡기겠다는 입장은 23.5퍼센트에 그쳤다. 비상금에 관해서는 남성의 51.6퍼센트, 여성의 73.6퍼센트가 '마련한다'고 답했으며, 상대의 부채는 남녀 전체의 47퍼센트가 책임지지 않는다고 답했다.

장수사회로 가는 길목에서 우리가 마주한 상황이 이렇다 보니 앞으로는 남은 삶에 대한 재정적 능력과 그에 대한 준비가 가장 큰 관심사로 떠오를 수밖에 없다. 그런 만큼 자기 삶을 추스를 수 있는 경제적 능력이 필수 항목임을 인식하고, 은퇴하더라도 여전히 생업의 터전을 일구는 일을 멀리해서는 안 될 것이다.

우리보다 앞서 이 길을 걸어가고 있는 유럽 등지의 연구들을 살펴보면 한 동네에 오래 살면서 이웃을 상대로 직접 손을 쓰며 살아온 노인일수록 노후가 재정적으로 안정된 편이었다고 한다. 이는 낯선 도시에서 젊어서 벌어놓은 자산의 재무수익으로만 살아가려 하는 우리에게 많은 시사점을 남긴다. 땀은 꿈을 현실로 만들 수 있지만, 꿈만으로는 땀을 대신할 수 없음을 많은 예술가, 체육인, 농부, 어부가 우리에게 침묵으로 전해주고 있다.

# 자영업은
# 자선업이어야
# 한다

그야말로 '일자리 대란'이다. 일
자리를 만드는 것도 찾는 것도 하늘의 별 따기보다 어렵다. 그
렇다 보니 자영업자가 점점 늘어나는 추세다. 하루가 멀다 하고
새로운 가게가 문을 연다. 그런데 또 그만큼 문 닫는 가게도 부
지기수다. 치킨 집은 이미 레드오션이 된 지 오래다. 이렇다 보
니 우리나라에 자영업자가 너무 많은 것 아니냐는 우려가 나온
다. 다른 선진국의 통계를 들이대며 직장인이 더 많아져야 한다
고 주장하는 측도 있다.

하지만 평생 남의 밑에서 직장인으로 살아가야 하는 사회를

이상적으로 봐야 할지, 힘이 들어도 자기 것을 주도적으로 개척하며 살아가는 삶을 권해야 할지는 생각해볼 일이다. 사업의 위험성을 더 염려할 것인가, 아니면 자유롭고 창의적인 삶에 도전하길 더욱 권장할 것인가?

많은 이주민이 남의 땅에서 살아가며 자신들의 인생과 가족을 지키고 개척하기 위해 자영업에 도전한다. 세계 어느 나라를 가더라도 볼 수 있는 '차이나타운'이 그 대표 격이다. 그 밖에 인도인, 아랍인, 이탈리아인, 유대인 등도 낯선 나라, 낯선 도시에서 자영업으로 둥지를 틀고 살아간다. 우리도 과거 한국전쟁 이후 남쪽으로 대거 내려온 북쪽 사람들이 서울 동대문시장과 남대문시장, 부산 국제시장, 대구 서문시장, 광주 양동시장에서 장사하며 큰돈을 번 사례가 심심치 않게 있었다.

게다가 요새는 자영업의 형태도 달라지고 있다. 최근 우연히 어떤 골목을 지나는데, 자그마한 한 식당에 테이블이 달랑 하나뿐인 것을 보았다. 가만히 들여다보니 연인처럼 보이는 남녀가 앉아서 호젓하게 식사하고 있었다. 아마도 생일이나 특별한 기념일이어서 통째로 식당을 이용하는 모양이었다. 알고 보니 그 식당을 이용하고자 하는 희망자가 많아 미리미리 예약을 해야 한단다. 요즘에는 1인용 헬스클럽도 등장했다. 트레이너가 특정 시간에 미리 약속한 한 사람에게만 코칭을 해주는 것이다. 이렇게 시장은 점점 단 한 명의 고객을 위해 세분화되고 있다.

이런 모습을 보면 자영업에서도 실력만 있다면 희망을 찾을 수 있겠다는 생각이 든다.

이런 세상은 일면 정보통신사회 덕분이기도 하다. 거대한 힘을 가진 자본이나 집단이 대중을 좌지우지하던 시대에는 꿈도 못 꿀 일이었다. 하지만 지금은 마음만 먹으면 SNS 등을 통해 나를 알릴 수 있고, 사람들의 이목을 사로잡을 수 있다. 문제는 내가 누구에게 무엇을 줄 수 있는가 하는 점이다.

여기서의 문제는 바로 욕심을 낮추는 일이다. 어떤 사람들은 큰돈을 벌기 위해 외식업을 크게 벌인다. 물론 그럴 수도 있겠지만, 외식업은 어느 나라에서나 생계형 창업의 전형 같은 사업이다. 만일 누군가가 큰 식당을 차려 돈을 번다면 근처에 있는 누군가의 생계형 식당은 문을 닫아야 한다. 근방에 사는 한정된 손님이 동시에 두 식당에 갈 수는 없기 때문이다.

얼마 전 부산에서 본 일이다. 비교적 한적한 외곽 마을에 커다란 주차장과 2층 대형 건물이 들어서더니 부산의 명물이라는 돼지국밥과 순댓국, 뼈해장국을 동시에 파는 집이 문을 열었다. 이미 근처에는 오래전부터 작은 돼지국밥집과 순댓국집과 뼈해장국집이 각각 생계형 영업을 하고 있었다.

넓은 주차장과 좋은 시설을 내세우며 바람처럼 개업한 이 집은 얼마간은 주변 가게의 손님을 빼앗아가며 24시간 영업했지만, 외곽의 한적한 마을에서 이렇게 모두가 살아갈 수는 없는 일이다. 결국 원래 있던 생계형 식당들은 손님을 지키기 위해 가격을 낮추어야 했고, 대형 식당은 가격을 낮추자니 초기 투자금이 부담스러워 모두가 경영이 어려운 처지에 내몰렸다. 이것은 임대료가 싼 외곽에 대형 식당을 연 사람의 욕심이 가져온 공멸이다.

자영업이란 결코 이런 심보로 하는 사업이 아니다. 다 같이 함께 먹고살자는 동료의식과 건강한 경제시민 정신으로 하는 것이 자영업의 본령이다. 그래서 스위스 같은 나라는 어느 작은 마을에서 누군가가 가게를 연다고 하면 주민들이 투표를 하여 그 타당성을 따지는 경우도 있다. 오스트리아도 작은 마을일수록 똑같은 업종의 가게는 잘 열지 않는 삶의 전통을 지키며 서로가 소리 없이 배려하며 산다.

서울에는 오랫동안 명맥을 지켜온 수제 구둣가게들이 모인 곳이 몇 군데 있다. 대형 양화점들이 기성화를 만들고 수입 명품들이 활개 치는 세상에서도 이분들은 꿋꿋이 손으로 구두를 만들어 팔았다. 물론 판매량은 전성기에 비하면 형편없었지만 끝내 생업을 놓지 않았다. 한데 그들을 지켜준 것은 정부도 아니고 경영학자도 아니고 변함없이 찾아준 단골들이라고 한다. 그 단골들은 이분들의 생업의 터전이 행여 없어질까 봐 노심초사하며 그들을 보살펴준 것이라고 생각한다.

요즘은 평생 손으로 구두를 만들며 살아온 이 땅의 노익장에게서 자녀 교육의 본보기를 찾으려 젊은 부모들이 어린아이들의 손을 잡고 구둣방을 간간이 찾는다고 한다. 어쩌면 손님은 주인에게, 주인은 손님에게, 또 옆집의 주인에게 서로가 마음의 자선을 베풀며 사는 것이 자영업의 정신이 아닐까?

금리는 내려가고 수명은 길어진 지금, 죽을 때까지 직장인일 수는 없다. 눈을 돌려 직접 땀 흘리고 움직이는 근로의 영역으로 삶을 확장해보는 것도 한 가지 선택일 수 있다.

요즘 공개 오디션이 한창이다. 결국은 유명 기획사들과 손을 잡고 메인 무대에 오른다지만, 그 시작은 각자 가진 재능과 열정을 자본 삼아 출발한 예능 자영업자에 가깝다. 그들을 진정으로 돕고 있는 사람들은 사연 깊은 그들의 노래와 재능에 아낌없는 박수를 보내는 방청석의 청중이나 그들의 음원을 이용해주는 얼굴 없는 대중들이 아니겠는가. 이들은 자선을 거래하는 행복한 시장경제의 모습도 함께 보여주고 있다.

비록 손님이 기대보다 적더라도 어디선가 자신의 자립과 성장을 기원하는 얼굴 없는 자선의 주주들이 있다는 생각을 자영업 사장들은 결코 잊지 말았으면 한다. 그리고 지금 가게가 잘되고 있더라도 누군가의 희망을 위해 확장을 참고 내 손님, 내 가게에 집중하고 몰입하는 배려가 그 가게를 오래도록 명가로 남게 할 것이다. 자영업에서 있어서 성장은 확장의 다른 말이 아니라 배려의 다른 말이다.

# 작은 돈에는
# 신의 가호가
# 있다

투자전문가로 살아오면서 겪는 몇 가지 특이한 일이 있다. 그중 하나는 손님이 적은 돈을 맡겼을 때는 수익이 높으나, 여유가 생겨 투자금이 많아지면 수익이 낮아지는 경우를 자주 본다는 것이다.

기업의 주가이론 중에는 작은 기업일수록 주가가 높을 수 있다는 작은 기업효과(small firm effect)도 있다. 예금도 소액예금은 금리가 높거나 보호대책이 있고, 임대료가 작은 거래는 임대차보호법이 도와준다.

시장경제는 원래 공평과 자유를 생명으로 한다지만, 금융거래나 투자경제는 작은 돈을 편애한다. 물론 작은 돈을 가진 자에 대한 배려에서 나온 것이지만, 탐욕과 기회만 엿보는 돈 거래에서 이런 정신들이 면면히 살아 있는 것은 작은 돈에 대한 신의 가호라고 생각한다.

돈은 때로는 질풍노도 같기도 하고, 뜨거운 햇볕 같기도 하며, 차가운 얼음 같기도 하다. 그래서 금융을 사업으로 하면 자꾸 커지려고 하고, 심한 경우 큰돈끼리 결탁하고 협잡하는 검은 거래가 역사에 얼룩처럼 남아 있기도 한다. 그래서 금융이나 투자는 어디에서나 감독당국이 있고, 제도가 있고, 처벌이 따른다. 그래서 나라마다 중앙은행에서 기준금리와 재할인율 등을 조정하면서 시중금리와 시장의 돈 흐름을 관리한다.

금융업이란 이 같은 환경에서 진행되는 사업인지라 금융기관마다 특출한 금리상품을 내놓기가 쉽지 않다. 대개는 0.1~0.2퍼센트 정도의 적은 차이를 가지고 고객의 예금과 적금을 유치한다. 사정이 이러한데, 상대적으로 고금리 적금상품을 출시한다고 밝혀 눈길을 끄는 은행도 있다. 대체 무슨 일일까? 해당은행은 소년소녀 가장, 다문화가정, 기초수급생활자 등 취약계층의 재산 형성과 생활안정 차원에서 이러한 제도를 마련했다고 밝혔다. 정말 반갑고 감동적인 이야기다.

『보랏빛 소가 온다(Purple Cow)』를 저술한 세스 고딘은 일찍이 가난을 벗어나는 일에는 저축만 한 것이 없다고 말한 적이 있다.

우리 사회 역시 과거의 가난했던 시절을 벗어날 수 있었던 것은 국민 생활 전반에 걸쳐 저축을 생활화하고 장려하는 분위기가 뒷받침되었기 때문이다. 당시 재형저축이라는 서민형 저축상품이 별도로 있어, 누구나 마음만 먹으면 시중보다 높은 금리로 저축할 수 있었다. 이후 우리의 살림살이가 나아지면서 이 상품은 자취를 감추었지만, 요즘 다시 이 상품의 성격을 되살려 서민들 재정안정에 기여할 수 있는 상품들이 부족하지만 부분적으로 생겨나고 있다.

이제 저축을 다시 논의해야 할 시점이다. 한때 일본이 세계 10위 경제대국인 우리에게 통화스왑을 중단한다느니, 국채 매입을 중단한다느니 하는 무례를 범했던 것도 그들의 금융자산이 우리보다 많기 때문이다. 그 금융자산은 일본 사람들이 그동안 열심히 모아온 저축을 근간으로 한다. 일본의 60대 노인가구의 평균 예금잔고가 우리나라 돈으로 1억 원이 넘는 것으로 알려지고 있다.

요즘 스타트업, 즉 창업이 보편화되어 걱정하는 이들이 많은데, 자영업이 늘어나는 것 자체보다는 영세한 자본이 더 문제다. 이런 추세를 보더라도 가계저축은 꼭 필요한 사회적 과제다. 특히 과도한 가계부채가 우리 사회의 숨은 뇌관처럼 인식되는 상황에서, 그 위험을 완화하고 개선하는 원천은 바로 가계저축이다.

저축과는 조금 다른 개념이지만 소액으로 조금씩 할 수 있는 크라우드 펀딩(crowd funding)이라는 것도 있다. 직역하면 '여럿이 모은 투자자금'이라는 뜻인데, 인터넷에서 사업을 소개하고 개별적으로 투자자를 모으는 자금조달 방식이다. 그동안은 주로 영화 같은 문화콘텐츠 제작 등에 이용되었지만, 요즘 미국에서는 벤처기업이나 신규 기업 창업 등에 많이 활용된다. 기금 조성을 중개하는 사이트도 성업 중이며, 어떤 회사는 소프트웨어 개발자금을 위해 6만여 명으로부터 1인당 150만 원 정도씩 투자받아 사업을 진행시킨 일도 있다고 한다.

우리도 이제는 작은 돈이 모여 더욱 자유롭고 다양한 투자자금 형태로 기업에 들어가게 할 필요가 있다. 특히 청년 창업을 지원하거나 은퇴 후 창업을 지원하는 목적으로 활용될 때 작은 돈이 모여 큰 힘을 발휘할 수 있다.

정부는 이런 소액투자에 세제혜택이나 재정지원을 함으로써 좋은 결과로 이어지도록 도울 것으로 보인다. 관련 법안이 2015년 7월 통과되어 2016년 1월 시행된다. 갈수록 소액투자를 보호하는 장치가 갖춰지고 본래의 의도대로 활용되어, 가정의 쌈짓돈이 모여 다시 개인이나 사회의 미래 사업에 투자되는 선순환의 물꼬를 터야 한다. 이것은 이 시대에 꼭 필요한 희망의 관개수로다.

# 도시는
# 경제지리적
# 명당이다

세상의 변화를 받아들이고 이에 대응하는 우리 사회의 역동성과 혁신의 방향을 지켜보고 있노라면 참으로 놀랍고 현명해 보인다. 그중 하나가 도시로 되돌아오는 '지식형 산업체'들이다. 그리고 이들의 산업 기반을 복합적으로 만들어주는 것은 현재 '지식산업센터'라고 부르는 종전의 아파트형 공장들이다.

곳곳에서 소리 없이, 그러나 강렬한 물결로 새로 단장한 첨단 공장들이 도시와 만나고 있다. 주택가에 함께 어울려 새로운 직주(職住, 직장과 거주지) 결합의 사회통합을 이루어내고 있다. 우리가 꿈꾸는 미래의 도시, 미래의 삶이 바로 이런 모습이다. 아파트, 학교, 공장, 상점, 문화센터, 병원, 운동장들이 서로 어우러지는 마을의 모습.

하지만 대개 공장이 문제가 되어왔다. 도시의 땅값이 점점 오르니 공장들은 하나둘 도시 외곽으로 밀려나고, 빈자리에 빼곡히 들어선 아파트 단지는 베드타운으로 전락했다. 그런데 도시형 지식산업센터 건립으로 새롭게 돌파구를 찾게 된 것이다. 이제 첨단소재나 과학기술, 디자인 등을 산업의 도구로 삼는 시대가 되면서 더 이상 산업시설이 도시와 떨어지지 않아도 되게 되었다. 아니, 앞으로는 산업시설이 가급적 도시에 있을수록 바람직하다.

그들이 도시 안에 있어야 하는 가장 큰 이유는 일자리 때문이다. 그동안 도시는 일자리를 주기보다는 오히려 일자리를 빼앗아버렸다. 오랫동안 도시 안에 자리 잡고 있던 생산시설들이 외곽에 있는 지방으로 쫓기다시피 떠나버린 탓이다. 서비스 업종만으론 한계가 있다. 근무할수록 기능도 올라가고 급여도 상승하며 기업도 성장하는 도시형 제조업이 꼭 필요하다.

문제는 땅이다. 도시에 그럴 만한 땅이 남아 있을 리가 없다. 있어도 너무 비싸다. 그러나 도시주거환경을 정비해야 하는 지역은 이야기가 다르다. 도심 가까이에 있으면서 인력도 많고, 재개발이나 재건축 시 용적률과 용도만 조정해주면 소형주택과 함께 단지 내에 지식산업센터를 함께 건설할 수 있다. 아파트 근방에 산업시설이 들어온다고 질색하는 주민이 있다면 시대에 뒤떨어진 것이다. 앞으로는 직주 결합, 즉 일자리와 주거지가 통합한 지역이 발전할 것이기 때문이다.

하지만 첨단과학기술이 이끄는 미래 산업은 전문화된 산업도시보다는 집중력 있고 다양하며 창조적인 인재들이 모이는 국제화된 도시가 필요하다. 서울, 부산 등이 대표적이다. 소리도 냄새도 굴뚝도 없는 지식형 도시 제조업들을 곁에 두면 마을에 돈이 된다.

자고로 일자리는 국민들의 노동력과 지식 수준, 경험기반 등을 고려해 만들어가야 한다. 상당수 국민들은 육체노동을 통해 소득을 올려야 하는데, 도시에서는 여간해서 그런 일자리를 찾기 어렵다. 상당수 국민들에게 필요한 일자리들은 그동안 인건비가 싸고 제조 여건이 유리한 해외로 하나둘 빠져나갔다.

최근 서울의 한 봉제공장에 방문한 일이 있다. 약 150명의 근로자들이 국내 유명 브랜드의 기능성 아웃도어 제품을 대부분 수작업으로 만들고 있었다. 값싼 제품은 해외에서 만들기도 하지만, 고급 제품은 기술과 공정이 우수한 우리나라에서 전문기술자들이 직접 손으로 만든다고 했다. 그것도 소품종 대량생산이 아닌 다품종 소량생산이었다.

그 공장의 경영자를 만나 이야기를 들어보았다. 그는 예전에 이 공장 저 공장을 다니며 재봉틀을 고쳐주는 일을 했는데, 공장들이 잇따라 문을 닫자 할 일이 없어지더라고 했다. 할 줄 아는 일이라곤 재봉틀 수리가 전부였던 그는 같은 일을 하며 만난 봉제기술자인 아내와 힘이 들더라도 직접 가내 수공업으로나마 봉제공장을 해보자면서 도시의 지하실을 빌려 조그마하게 일을 다시 시작했단다.

처음에는 대부분의 공장들이 해외로 이전해가면서 갈수록 일거리가 줄었지만, 알뜰하고 검소하게 근근이 유지하다 보니 다시 세상이 한 바퀴 돌아 고급품을 국내에서 수작업으로 소량생산하는 세상을 만나게 되었다고 한다. 부부가 갈고닦은 솜씨와 기량을 보일 수 있게 된 것이다. 그간 고생을 하며 원가를 맞추고 기술을 개발한 덕에 지금은 유명 대기업과 손잡고 최고급 제품을 직접 생산하고 있다. 그는 많은 돈을 벌지는 못해도 자신의 주특기인 재봉틀 수리를 언제든 할 수 있고 봉제기술자인 아내는 솜씨를 발휘할 수 있게 되었다며 넉넉한 웃음을 지었다.

요즘은 이처럼 과거 의류제조 도시로 유명했던 뉴욕, 밀라노 등에서도 봉제공장들이 다시 고급 소재나 디지털디자인, 첨단 제조공법 등으로 무장하고 고급 기술자가 있고 소비자가 있는 대도시로 돌아오고 있다.

먹이사슬이 존재하는 동물의 세계에서는 남의 것을 빼앗아 먹거나 훔쳐 먹는 일들이 벌어진다. 미국 로키산맥 주변에 사는 다람쥐들은 길고 추운 겨울을 대비해 부지런히 먹이를 주워다가 감춰둔다. 주로 큰 나무 밑둥치에 파인 구멍 등에 솔방울 씨를 옮겨다 놓는다. 쉬지도 않고 어찌나 부지런히 물어다 쌓아놓는지, 그러느라 하루 해가 다 갈 정도다. 다른 동물들이 눈치챌까 봐 나름의 분산투자로 여기저기 나누어 모아둔다.

그런데 그 주변에는 곰이 서식하고 있다. 곰들은 눈앞에 먹이가 있으면 닥치는 대로 먹고, 없으면 여기저기 찾아다닌다. 그러다 다람쥐가 겨우내 먹으려고 모아둔 솔방울 씨를 다 먹어치우고 겨울잠에 들었다가, 나중에는 먹이가 없어서 그대로 자다가 죽는 경우도 많다고 한다.

마치 헐크처럼 세계의 유리한 공장지대만 옮겨 다니며 남의 먹거리를 빼앗아 먹던 대형 공장들은 간간이 찾아오는 불황의 고비에서 스스로의 무게를 이기지 못하고 소리 없이 사라진다. 그 와중에도 이렇게 우직하게 도시의 뒷골목에서 묵묵히 해묵은 작업을 하던 도시 수공업자들이나 첨단기술 작업자들이 서서히 대도시를 생산과 창조의 장소로 회복시키고 있다.

그래서 대도시는 경제지리적 안목으로 볼 때 세월이 아무리 지나도 명당 중의 명당이다. 요즘 국내 주요 대도시에서 일어나는 부동산 경기나 소비경제 회복현상은 느리지만 오랫동안 흐름을 타고 경제의 새로운 지평을 만들어갈 가능성을 암시하고 있다.

# 차별 대신
# 차이의 가치에
# 집중하라

　　　　　　　　　　　　요즘은 축구 경기만 봐도 시대의
변화가 느껴진다. 과거 국가대표 축구팀은 조직 축구를 구사해
4-2-4 형태니 4-3-3 포맷이니 해서 감독의 아이디어에 따라
철저히 준비하고 각자 역할에 충실한 경기를 일사불란하게 펼
치곤 했다. 그러다 보니 경기가 준비한 대로 풀리지 않으면 이
렇다 할 돌파구를 찾지 못하고 답답한 경기를 펼치는 경우가 적
지 않았다. 이런 축구에서는 선수들 개개인의 기량이 발전하기
어려웠고, 특히 개인기로 돌파해야 하는 문전 처리가 미숙한 점
은 한국 축구의 고질적인 병폐로 지적되어왔다. 이에 반해 남미

나 유럽 선수들은 개인기와 팀워크를 적절히 조화시켜 세계 무대를 오랫동안 주도해왔다.

그런데 오늘날의 프로축구를 보면 어느새 각 선수의 개인기를 바탕으로 팀워크를 발휘하는 형태로 바뀌어 이전보다 훨씬 역동적이고 창조적인 분위기를 느낄 수 있다. 특히 공격의 전방에서 탁월한 개인기로 골문을 두드리는 모습을 보면, 선수 전원이 마치 기계의 부품 같은 인상을 주던 과거와는 다른 느낌이다. 한마디로 축구도 이젠 창조적 소수(creative minority)가 주도하는 세상이다.

이런 모습은 이제 축구 경기장뿐 아니라 우리 사회에서 전반적으로 볼 수 있게 될 것이다. 천정부지로 치솟는 영화 제작비에서도 주연 배우들의 출연료가 전체의 절반 이상을 차지하고 있음을 알게 된다. 주연 배우가 누구냐에 따라 흥행이 달라지기 때문이다. 기업도 어느새 소수의 핵심 인력이 수익을 주도하는 시대로 접어들었으며, 첨단산업일수록 이러한 현상이 두드러진다. 국내 최대 이익을 창출하고 있는 몇몇 글로벌 기업을 보더라도 소수의 지식인 개발자 그룹이 기업의 사활을 쥐고 있다.

하지만 창조적 소수를 길러내야 하는 일에 동의하면서도 접근은 매우 조심스러운 것이 사실이다. 아직 우리 사회가 이런 창조적 사회에 적합하지 않은, 양적 생산에 숙달된 다수(productive majority)가 주류를 이루고 있는 탓이다. 유사 업종에서 오랫동안 비슷한 일을 해온 인력들이 아직도 넘쳐나거나, 이렇다 할 특별한 직능을 갖지 못한 사람도 수두룩하다.

정부는 이들을 상대로 일자리 창출 노력을 수년째 계속하고 있지만, 고목나무에는 좀처럼 꽃이 피지 않듯이, 흘러간 산업이 부활하지 않는 한 경험적 가치에 기초한 생산적 다수를 위한 일자리는 좀처럼 만들어지지 않는다.

과거 외환위기를 넘기면서 한순간에 '사오정(40~50대 정년퇴직)'과 '오륙도(50~60대에도 직장에 남아 있으면 도둑)'를 양산한 것도 이러한 시대의 흐름과 무관하지 않다. 당시 직장을 떠난 이들이 아직도 길고 긴 낭인의 삶을 청산하지 못한 것도 그 연장선상에 있다.

하지만 이제는 서서히 달라져야 한다. 점차 퇴장하는 산업사회의 현장에서 살아남기 위해서는 남다른 재능과 역량 그리고 창조의 열정을 지녀야 한다. 대량생산의 가치가 만들어낸 획일적인 작업 방법을 지양하고, 새로운 사회·문화적 유전자를 갈고닦아야 한다. 또 이제껏 우리 사회에 팽배했던 모방과 답습의 가치관들에 종지부를 찍고 달라져야 한다.

요즘 대학을 '지식창조 기업'이라고 부르고, 기업 종사자들을 '지식근로자(knowledge worker)'라고 부르는 이유도 여기에 있다. 지식형 기업에서 근무하는 직장인들은 직장 안에서 스스로 과제를 만들어 해결하고 성과를 내야 하는 상황이다.

하지만 반복적이고 체계적이고 집단적인 작업에 능한 시니어들에겐 적응하기 쉽지 않은 변화다. 기업문화만이 문제는 아니다. 1990년대 중반 외환위기 전까지는 인생에서 가장 소득이 높은 시기가 대체로 40대 중반이었는데, 이제는 직장소득의 정점이 30대 후반으로 이동하고 있다.

하지만 이러한 변화와는 무관하게 여전히 가정의 지출은 가장의 나이가 40대 중반부터 50대 중반일 때까지가 가장 많다. 40~50대 중년 가정의 경제적 위기가 날로 심각해져 가고 있음을 알 수 있다. 게다가 1950년대 중반부터 1960년대 중반 사이에 태어난 베이비부머들이 본격적으로 50~60대로 넘어감에 따라 그 뒤를 이어 새롭게 40~50대에 이른 세대의 경제적 지위는 더욱 낮아지는 추세를 보이고 있다.

그렇다고 벌써 은퇴를 할 수도 없고, 딱히 어디 끼어들 곳도 마땅치 않은 이들은 사회적으로 이모작 1세대에 속하며, 장수사회 1세대이기도 한 탓에 앞으로 살아갈 긴 인생이 난처하다. 한 가지 직업만으로는 평생 먹고살 수 없는 사회구조 속에서 직업 전환과 생업 전환을 얼마나 해야 하는 것일까? 도무지 가늠하기가 어렵다.

이럴 때일수록 인생의 출발선으로 돌아가 스스로를 자애롭게 돌아보는 자세가 필요하다. 내가 누구이며, 무엇을 잘하는 사람이고, 어디에 적합한 사람인지. 디지털이나 글로벌 세상으로 변하는 세월은 무정하게도 사람들을 낡은 것과 새 것으로 분류하여 차별대우하려 하고 있다. 시간을 이기는 장사 없다고, 이에 굳이 맞서려 하기보다는 애초부터 내 안에 남과 다른 나만의 고유한 차이점이 무엇인지 자문하고 꺼내어 보는 자기몰입이 중요하다.

아날로그는 디지털보다 못한 것이 아니라 다른 것이며, 향토적인 것은 구시대적인 것이 아니라 고유한 것이라고 생각하면 그 가치는 결코 비교하여 다룰 문제가 아니다. 차별이 누군가에게 비교당하는 일이라면, 차이는 내가 누군가와 구분되는 것이다.

# 여성은
# 저성장 시대의
# 구원투수다

                정치, 경제, 문화, 예술계 등에서
여성의 활약이 눈부시다. 여성의 경제활동 참가율이 점차 높아
지는 상황에서 어느새 일하는 여성의 모습은 매우 자연스럽고
당연하게 여겨진다. 과거 일하는 여성에 대한 사회적 인식은,
살림을 돕기 위한 부업을 하거나 결혼 전에 결혼자금을 마련하
는 수준으로 이해되었다. 실제로 여성이 결혼을 하면 직장을 그
만두는 것이 관례처럼 여겨지기도 했다.

    제인 오스틴의 소설『오만과 편견(Pride and Prejudice)』에서도 볼 수
있듯이 그 옛날 여성에게 있어 결혼은 경제적 수단을 획득하는

데 중요했다. 어쩌면 혼수니 아파트 전세니 따지며 결혼의 조건을 저울질하는 현재의 우리 모습도 크게 다르지 않은 것 같다. 여전히 결혼을 통해 안정된 삶을 추구하려는 모습을 심심치 않게 보곤 한다.

하지만 이제는 상황이 사뭇 달라졌다. 아니, 세상이 달라졌다. 개인의 가치를 중심으로 다양한 사회 가치가 공유되면서 사회에 기여하고 삶의 의미를 찾는 것이 중요해졌다. 수명이 늘어나면서 일해야 하는 기간도 늘어났다. 자기고용과 1인 직업의 시대를 맞아 남녀 불문하고 직업을 가져야 한다. 그래서 요즘 여성들에게는 '직업은 필수, 결혼은 선택'이라는 말도 나돈다.

일하는 기혼 여성의 경우에는 다중역할(multiple-role)을 수행해야 하는 면이 있다. 어머니로서 아내로서 며느리로서의 역할을 수행해야 할뿐더러 동료로서 상사로서 부하로서 조직의 구성원의 역할도 두루 해내야 한다.

이 같은 다중역할이 일하는 여성의 자존감을 높이는 긍정적인 효과를 가져온다는 연구 결과도 있다. 하나의 역할에서 소비되는 에너지나 자원보다, 다중적으로 역할을 수행하는 과정에서 삶에 필요한 더 많은 자원과 에너지를 얻는다는 것이다. 물론 다중역할을 수행하는 과정에서 스트레스나 역할 갈등이 존재하지만, 대체적으로 긍정적인 효과가 더 크다고 한다.

직장 안팎에서 분주하고도 복잡한 일을 잘해내는 여성이 오히려 심리적으로 안정되어 있다는 연구 결과와 직장과 가정의 역할 결합이 심리적으로 유용하다는 연구 결과도 있다. 결국 자기 인생에서 주도적인 역할을 하고 있다는 점이 여성에게 심리적인 안녕을 가져다준다는 말이다.

이제는 가정이라는 틀 안에서 주어진 어머니나 아내라는 전통적 역할에만 만족하는 시대는 지났다. 사회적으로나 경제적으로나 다중역할을 소화하는 것이 당연하고 또 그래야만 하는 흐름 속에 있다.

재산관리에 있어서도 돈 관리만 부인이 할 뿐 재산의 명의는 남편이었던 시대를 벗어나 점차 부부별산제(혼인 전 재산은 각자 고유의 재산으로 관리하는 제도)를 거쳐 부부 공동명의 또는 애초부터 개인 재산 관리체계로 변해가고 있다.

특히 여성은 남성보다 평균수명이 길기 때문에 노후대책을 남성보다 훨씬 심각하게 고민해야 한다. 당장은 전업주부의 삶에 만족한다 해도 길어진 수명 때문에라도 언젠가는 일자리가 필요한 때가 온다. 부부의 경제력은 나이가 들수록 점차 약화되기 때문이다. 최근의 연구에서 50대 여성의 근로욕구가 높게 나타나는 것도 남편의 상대적인 경제력 약화현상과 관련이 있다.

그런 면에서 과거 부인을 집 안에 묶어두는 바람에 별다른 직업 훈련이나 사업 마인드를 기르지 못하게 한 것도 구속이라는 생각이 든다. '전업주부'는 우리가 산업화 시대를 살아오면서 여성에게 강요한, 직업 아닌 직업이었는지도 모른다. 산업형 근로자가 도시로 몰려들던 시절, 남편이 출근하면 자녀를 키우며 집을 지켜야 하는 역할 분담 속에 생겨난 '산업도시형 신분'이기도 하다.

경제전문가 마이클 르뵈프는 여성에게 "당신의 가치를 깨달아라"라고 말했다. 특히 주부들에게 이 말을 전해주고 싶다. 이제 가족의 이름 아래 묻힌 '나만의 가치'를 깨달을 때다.

앞으로 긴 여생을 살아가는 동안 남편 혹은 본인의 실직, 높은 생활비를 감내해야 하는 때가 온다. 이런 상황에서 전업주부라는 산업도시형 신분은 그 지위를 잃게 될지 모른다. 앞서도 말했지만 이미 생산적 다수였던 도시형 근로자도 점점 그 입지가 좁아져가는 추세다. "평생 가정만 지킨 내가 무엇을 할 수 있을까?" 하고 주저하지 말고 자기 인생을 경영하기 위한 슬기로운 대처와 준비가 필요하다.

그런 의미에서 젊은 주부들에게는 출산휴가를 얻더라도 하던 일을 놓지 말라고 권하고 싶다. 조사 결과, 여성들이 출산으로 일자리를 잃은 다음 1년 후에 다시 자리를 얻으면 평균임금이 20퍼센트 줄고, 3년 후에 일자리를 얻으면 평균임금이 30퍼센트가 줄어든다는 통계가 나왔기 때문이다.

그리고 일을 하려면 파트타임 형식보다는 전담직을 찾는 것이 좋다. 같은 일이라도 파트타임 형식으로 자주 하다 보면 갈수록 임금이 내려간다는 통계가 있다. 특히 맡은 역할의 수와는 상관없이 몰입 정도에 따라 얻는 긍정의 힘이 크다고 하니, 기왕에 하는 일 정말 신바람 나게 푹 파묻혀 할 수 있다면 더할 나위 없이 좋을 것이다.

이미 젊은 여성들은 결혼보다 자신의 경력관리를 중시하는 분위기다. 평균 결혼연령을 훌쩍 넘겨 30대 후반이 되도록 직업적 성공에 더 의미를 두는 여성들을 어렵지 않게 볼 수 있다. 교육계와 공직 등 성차별이 상대적으로 적은 직종은 이미 많은 부문에서 여성의 활약이 두드러지고 있다. 정치권 요직은 물론이고 건축근로자, 소방관, 비행기 조종사 등 남성의 전유물로 여겨지던 직종에도 여성의 도전이 이어지고 있다. 머지않아 지위여하나 위험 여부를 막론하고 여성의 역할은 더욱 넓은 영역으로 확대될 것이다.

스웨덴은 한때 어려운 시대를 만난 적이 있는데, 여성들의 사회진출을 장려하여 국가 위기를 넘기는 동시에 여성의 삶의 질도 향상시키고 산업구조도 고도화한 사례를 가지고 있다. 지금 저성장 시대로 막 접어든 우리에게도 여성인력은 불리한 경기에서 마운드를 물려받은 구원투수 역할을 할 것이다.

# 압축과
# 밀도에
# 돈이 있다

얼마 전 언론에서 '중구의 부활'
이란 제목의 기사를 보았다. 최근 부산과 대구의 전통적 구도심
중심지인 중구에서 부동산 개발이 활발하게 이루어지고 있다는
내용이었다. 그간 부산 중구와 대구 중구는 외곽으로 빠져나가
는 인구와 산업체 그리고 돈의 역류로 인해 공동화가 심각하게
진행된 곳으로, 자치구의 존립마저 위협받고 있었다. 이런 현상
은 우리나라 대도시의 공통적인 현상으로 서울의 중구, 광주의
동구(광주에는 중구가 없다), 대전의 중구, 인천의 중구가 대체로 공통
적인 양상을 보인다.

지리적으로도 중심지일 뿐 아니라 행정, 상업, 교육, 문화 등 도시의 중추적인 기능을 복합적으로 담당하던 구도심들이 그동안 개발이 용이하고 상대적으로 값싼 도시 외곽에 많은 인구와 기업, 기관을 빼앗기면서 슬럼화되고 만 것이다. 이는 도시 전체 중심축의 상실로 이어져 다시금 글로벌 도시로 거듭나야 하는 도시 혁신의 과제를 수행하는 데 큰 장애물이 되고 있다. 그러던 중 부산과 대구의 중구가 부분적으로 역사 속 영광을 재현하면서 도시 부활의 중책을 맡고 날갯짓을 시작하고 있는 것이다.

　도시의 효율은 근본적으로 압축과 복합으로부터 나온다. 교통과 주거, 환경에 대한 부담감만 덜 수 있다면 가급적 도시는 중심을 축으로 긴밀하고 유기적인 상호작용 속에서 성장하고 유지되는 것이 바람직하다. 잘 압축된 공간에 일자리가 있고, 휴식 공간이나 양육 기반도 있으며, 시장이 있고, 살 집도 구할 수 있다면 가장 효율적인 도시라고 평가할 수 있다. 오늘날에도 그 위용이 전해지는 중세 유럽의 도시들이 대체로 이러한 형상으로 지어져 그 역할을 수행했다.

　우리의 수도 서울도 역사적으로 보면 사대문 안에서 도시가 성장하고 발전했다. 오늘의 서울시 중구, 종로구 등이 그 중심지였다. 항구도시 부산도 남항과 북항의 배후지이자 경부선 도착지인 부산역을 안고 있는 중동구에서 상업을 발전시키고 교육 기반을 갖추었으며 문화생활을 영위해왔다. 대전, 광주, 대구, 인천 모두 중구에서 이와 유사한 추억과 역사가 만들어져 왔다.

글로벌 경제하에서 도시는 다시금 혁신을 추구해야 한다. 세계의 도시로 연결되는 도심의 기능은 대개 역사적으로나 기능적인 면에서 구도심을 중심으로 재구성된다. 일부 대도시들은 신도시를 건설해 국제도시의 기능을 맡기려 하지만, 역사성과 자연발전성을 가지고 있는 지역이 아니면 성공하기 어렵다.

그러한 현상은 잘 가꾸어진 강남이 있어도 외국인들이 주로 중구에 집중하여 사업을 하거나 관광을 즐기려는 서울의 현실에서 확인할 수 있다. 그런 역사적인 중심 도시의 힘이 이제 지방 대도시로 번져 나가고 있다. 자연의 가치가 그렇고, 동네 장사의 가치가 그렇고, 구도심의 가치가 그렇다. 아무리 변해도 좀처럼 변하지 않는 근본적 가치들이 있다.

산업화 이후 도시는 메트로시티로 변해 거대한 인구밀집 지역이 되거나 뉴욕이나 도쿄, 런던, 파리와 같은 국제도시가 형성되기도 했으며, 싱가포르와 같은 도시국가를 만들어내기도 했다. 이러한 거대 도시로의 발전은 어느 정도 경제가 성장하면 더 이상 도시 집중을 이기지 못하고 균형발전의 논리에 따라 멀리는 지방으로, 가깝게는 근교로 인구와 산업체, 주택 등을 분산시키게 된다.

서울도 비슷하다. 최근 십 수년 동안 수도권이란 이름으로 확장된 외곽도시가 한두 곳이 아니며, 이로 인해 경기도는 마치 서울의 2중대와 같은 인상마저 준다. 심지어 서울에서 수십 킬로미터 밖 허허벌판에 성냥갑 같은 도시들이 급조되어 신도시란 이름을 내세우고 있어 입맛을 씁쓸하게 하기도 한다.

하지만 이제 그런 신도시 건설 신드롬도 서서히 막을 내릴 조짐이다. 거대 도시들이 갈수록 인구가 줄고 직장이 사라지고 상권이 약화된 나머지 다시 도시를 재생하지 않으면 안 될 처지에 놓인 탓이다. 그래서 중세 도시의 형태가 다시 등장하는 분위기다. 콤팩트 도시라고 부르는 이 도시의 형태는, 글자 그대로 좁고 한정된 지역에 도시 기능을 압축해 밀집시켜놓은 것이다.

일본 도쿄에 가면 이런 사례를 곳곳에서 볼 수 있다. '롯폰기 힐스(Roppongi Hills)'라는 복합단지가 대표적이다. 재개발 전만 해도 이곳은 별 볼 일 없는 낡은 구도심이었지만, 지금은 여러 대기업 본사와 방송국, 백화점, 호텔, 미술관, 시민공원, 아파트가 어울려 있어 밤낮으로 상주인구가 모여드는 일급 상권이다. 또 지역 전체가 지하로 연결되어 있어서 어디든 걸어서 이동이 가능한 워킹시티(walking city)로도 유명하다. 이 압축도시의 중심은 단연 오피스 건물이다. 워킹시티(working city), 즉 일하는 기능이 가장 먼저 확보되어야 도시가 건강하게 성장할 수 있다는 좋은 사례를 보여준다.

지금 일본은 도쿄나 오사카 등에서 도심 유턴 현상이 벌어지고 있어 대도시 주변에 만들어놓은 베드타운이며 뉴타운들이 집값 하락에 몸살을 앓고 있다. 어린 나이에 부모의 손을 잡고 근교 도시로 이사 갔던 젊은이들이 일자리를 찾아 도심으로 돌아와 도시형 생활주택에 머물고 있기 때문이다. 장기적으로는 대도시 주변에 만들어놓은 신도시나 위성도시를 연결하는 도로 및 철도 등이 통행인구의 감소로 적자운행이 불가피할 것이란 전망도 나온다. 서울 주변으로 수도권, 이제는 충청권까지 각종 고속도로와 고속전철망 건설이 한창인 요즘의 우리도 다시 한번 깊이 생각해볼 문제다.

미국의 뉴욕에서도 점차 감소하는 도시 방문자의 수를 늘리기 위해 패션의 거리 5번가를 재개발하고 있으며, 제2의 실리콘밸리라는 실리콘알리도 개발했다. 이 같은 도시 개발은 사람이 새로운 건물과 만나 도심에서 생산경제 기능을 회복하고 집객 효과가 나도록 하는 데 중점을 두고 있다.

이처럼 세계적인 대도시들은 사람들을 다시 도심으로 모으고자 치열한 경쟁을 하고 있다. 그에 반해 우리나라는 국토균형발전모델을 내세워 기업도시다, 혁신도시다, 개방촉진 지역이다 해서 곳곳을 개발하는 데 여념이 없다. 기왕에 만드는 신도시들은 자칫 주간에만 사람들이 모여들고 야간에는 공동화되는 암흑도시가 되지 않도록 교육, 의료, 문화, 법률 등 온전한 도시

기반을 다져 나가야 한다.

한편 전 세계의 거대 도심에 마천루 건설이 한창이다. 이미 사막 한가운데 전 세계의 이목을 집중시키며 건설된 두바이를 비롯해 싱가포르, 상하이, 도쿄, 뉴욕, 런던 등지에서 초고밀도 프로젝트들이 속속 등장하고 있다. 우리의 서울, 부산도 지금 100층을 내다보는 초고밀도 지역으로 변하고 있으며, 신흥 부유층들은 서울의 연희동, 부암동, 평창동과 같은 한적한 주택가를 선호하던 과거의 부자들과 달리 모든 것이 한곳에서 이뤄지는 초고밀도 지역을 선호하고 있다.

인구 1000만 명이 넘는 서울을 중심으로 한 거대 도심 만들기는 지식서비스 경제시대를 대변하는 뉴 패러다임이다. 과거 제조업 중심의 산업구조에서는 공장용지 등의 한계와 용수, 공해, 물류 등의 어려움으로 산업시설이 한곳에 지나치게 집중되기 어려운 구조적 한계를 지니고 있었으나, 지식서비스 산업이나 첨단기술 산업은 그 특성상 지역적 집중을 통해 클러스터형으로 더욱 효율화되는 이점이 있어 도심 집중을 가속화시키고 있다.

따라서 사업을 하거나 주거지를 장만할 때는 가급적 쾌적하고 고밀화된 지역을 중심으로 선택하는 것이 현명하다. 고밀도 지역일수록 흔히 교통혼잡을 우려하지만, 앞으로 주요 도심은 걸어서 모든 일을 처리할 수 있는 워킹시티로 건설되는 만큼,

도심의 교통량이 어설픈 외곽보다 오히려 밑돌 전망이다. 도시의 고밀도화 작업은 기존의 구도심을 중심으로 도시재생을 진행할 때 효과가 극대화될 수 있다.

　도시공간을 이용하여 경제활동을 하려면 거주용이든 업무용이든 밀도가 높고 복합적인 장소의 가치가 갈수록 중요해지리라 본다. 마치 꿀벌들이 만든 벌집과 같은, 과학적이고 정밀하며 예술적인 도시압축의 미학을 이제 곧 한국의 대도시 재생 프로젝트에서 보게 될 것이다.

# 03

# 100세 부자의
# 일의 미학

조급하면 돈은 달아난다.

그렇다고 무심해도 돈은 찾아오지 않는다.

돈은 돈 자체로 찾아오는 법은 없다.

어떤 사업 속에 일과 함께 묻혀서

소리 없이 찾아온다.

# 부유층은
## '선한 인프라' 역할을
## 해야 한다

세계공황 이래 최대 위기라는 말
이 나올 정도로 심각한 글로벌 경제위기 상황이 2008년 이후 지
속되고 있다. 여기에서 더 어려워지면 각국 정부들도 뾰족한 수
가 없다는 비관론까지 들려온다. 그래서 경기를 세계적으로 동
시에 부양하자는 말까지 나오고 미국이나 일본, 유럽의 양적완
화 정책은 이런 배경에서 비롯되었다.

문제는 이런 시기에는 가뜩이나 어려운 서민들이나 빈곤층이
생계의 위기를 맞을 수 있다는 점이다. 더욱이 우리는 이미 가
계부채가 심각한 수준이어서 금융시장에서 서민가계에 직접적

으로 돈을 공급하기도 어려운 현실이다. 오히려 금융시장의 안정을 생각한다면 풀어놓았던 돈도 회수해야 할 형편이다. 이렇게 정책과 정부의 역할이 제한적이고 경기회복은 쉽지 않은 지금, 누가 서민경제의 구원투수가 될 수 있을까?

세계적인 초부유층의 행동에 주목해보자. 2008년 글로벌 금융위기가 발발하자 영국은 몇몇 초부유층이 자발적으로 재산의 일부를 국가에 기부하자는 서명운동을 전개했으며, 미국은 부자들이 발 벗고 나서서 부유세를 신설하자고 주장했다. 대만의 한 부유층은 상위 부유층을 단계별로 나누어 부자세를 걷자고 주장하고 나서기도 했다.

경제규모가 세계 10위권을 넘나드는 우리나라에도 상당수의 부자가 있다. 서민에게 희망과 위로가 필요한 지금, 구체적인 실효성을 떠나 상징적으로라도 이 나라의 부유층이 노블리스 오블리주를 실현할 때라고 본다. 당장 세금을 더 내거나 재산을 기부한다는 보장은 하기 어렵더라도, 서민의 아픔과 국가의 어려움을 같이하는 입장을 보이면서 생산과 투자, 고용의 기회를 늘리는 데 힘을 모으겠다는 메시지는 공유할 필요가 있지 않겠는가?

무엇 하나 실물경제와 연동하여 제대로 돌아가지 않는 현재의 디플레이션적 현상은 앞으로도 쉽사리 회복되지 않을 전망이다. 특히 자산가격에서 그런 영향이 우려된다. 세상이 아무리

급변한다고 해도 각 자산들은 고유의 가치를 지니는데, 그동안 자산가격은 각 자산에 내재한 고유의 가치를 반영하기보다는 외부 금융환경에 영향을 받아왔으며, 심리적인 요소도 적지 않게 반영해왔다.

모름지기 자산이란 가계나 기업의 수익이 증가하지 않으면 그 원천적 가치를 산정하기 어려우므로 항상 개인 소득의 추이를 중요하게 여겨야 하고, 인플레이션과 같은 실질 구매력의 영향요소를 면밀히 살펴야 한다. 당연히 개인이나 기업 그리고 국가의 생산과 저축의 정도가 근간이 되어 그 가치를 논해야 마땅하다.

그런 점에서 부유층이 자산가격 상승만 기대하기보다는 스스로 생산에 참여하고 물가안정에 기여하며 합리적 소비행위를 계속하는 가운데 경제가 안정을 찾도록 도와야 할 것이다. 또한 사업가는 투자계획을 금융권과 상의하고, 개인은 자신의 노동능력을 향상시키면서 임금 안정과 생산성 증진에 힘써야 한다.

바로 여기에서 부유층의 자산관리의 종합성과 전문성, 글로벌 지향성이 요구된다. 주식이나 부동산, 펀드 등 단위 상품의 단순한 매매로 일관하던 이제까지의 태도에서 벗어나, 수익의 보조수단이나 보유자산 관리 차원에서 자산소득을 보수적이고 장기적으로, 지구촌 상호영향 관계 아래에서 관리해야 한다.

요즘 국민연금의 자산운용 행태에서 우리는 달라지는 자산운용의 가닥을 어느 정도 이해할 수 있다. 그들은 우리가 맡긴 금융자산을 해외 인프라에 투자하거나, 글로벌 금융회사의 본사 건물을 사들이기도 한다. 1년에 수십조 원에 달하는 연금을 계속 현금으로 지급하려면 가격변동을 노리는 투자 차익뿐 아니라 공항 이용료, 건물 임대료 등의 현금 흐름이 필요하기 때문이다.

어딘가에 돈을 묻어두고 한방을 기다리거나 언젠가는 나에게도 기회가 오겠지, 하며 잔뜩 웅크리고 칼을 갈고 있다면 시간의 흐름을 예민하게 인식해야 한다. 현금 흐름과 시간 가치, 사용 이익 등이 중심이 되는 종합적이고 섬세한 자산관리 시대가 오고 있다.

이제 2~3퍼센트 성장률도 의미 있게 받아들여야 하고, 장기 실업은 사회적 고용의 다른 이름으로 여겨야 하는 세상이다. 성장하는 국가에서 성숙한 사회로 변신하고 있는 것이다. 그러나 앞서온 선진국들의 자취를 보면 대개는 부유층이 조세, 준조세, 투자활동, 소비활동 등의 사회적 부담을 지면서 저성장 저수익의 그늘 아래 늘어나는 사회적 비용을 충당해가며 어려운 시기를 넘겨왔다.

그래서 선진국에서는 부유층이 유사시에는 사회적으로 '선한 인프라'가 되어야 한다고 강조하고 있다. 부유층의 기부나 헌금, 조세 등으로 조성된 자금이 약자에 대한 배려, 사회적 공정성, 다문화 수용성 등에 쓰인다면 선한 인프라가 될 수 있다는 사회적 역할론이다.

그동안 부의 형성 과정을 둘러싸고 윤리적 비판이 적지 않았던 한국의 부유층이지만 가난한 서민과 국가의 활력을 회복시키기 위해 투자와 고용, 소비 등의 측면에서 그들이 선한 인프라 역할을 할 수 있다. 만일 부유층이 자발적 헌신과 따뜻한 배려로 사회적 소외와 배제의 문제들을 어루만질 수 있다면, 자유시장에 입각한 시장경제나 자본경제는 아직은 우리가 지혜롭게 가져갈 만한 삶의 시스템이 될 수 있을 것이다.

# 돈,
# 찬스(chance)가 아니라
# 참스(charms)다

 돈이란 인생에서 기회(chance)를 노
리고 여기저기에 하는 시도가 아니라, 평생을 두고 매력(charms)
에 끌려 투자하는 것이라는 생각이 든다. 그런 매력을 가지고
있는 상품을 만날 때 투자자는 오랜 시간을 참고 기다리는 장기
투자가 가능해진다.

 1900년에 「투기이론(Thorie de la spculation)」이라는 논문을 발표한
루이 바슐리에는 "투기자의 수학적 기댓값은 0이다"라고 말한
바 있고, 1953년에는 캔달이 "단기적인 가격 예측이란 마치 우
연이라는 악마가 무작위적인 수를 꺼내는 것과 같다"라고 말했

다. 그런가 하면 월리 모레티는 "다른 사람보다 6퍼센트 더 많이 벌려고 하는 사람이 바로 갱"이라고 말해 투기적 동기의 무모함을 명료하게 설명하기도 했다.

이러한 주장들을 보다 더 강력하게 뒷받침해준 것이 있으니, 바로 효율적 시장에 관한 가설들이다. 폴 새뮤얼슨으로부터 시작되어 유진 파마가 정리한 이 이론적 주장은 "시장에서 돈을 버는 사람들은 머리가 좋은 것이 아니라 운이 좋은 것이고, 초과수익을 얻기 위해 투자전문가들이 해줄 수 있는 특별한 조언이란 없다"라는 내용이다.

파마는 "효율적 시장에서는 투자정보를 가진 수많은 참여자 사이에 경쟁이 일어나며, 이 경쟁으로 말미암아 모든 특정한 시점의 개별 증권가격은 이미 일어난 사건에 근거한 정보와 현시점에서 장래에 일어날 것으로 예상할 수 있는 정보를 모두 반영한 가격이다"라고 정리했다. 즉 파마의 주장은 어느 누구도 주식시장에서 자신만의 특별한 정보를 담은 '사설통신'을 가질 수 없다는 것이다.

이후 트레이너, 샤프, 블랙, 숄즈 같은 학자들이 특별한 투자기법을 찾아내고자 끊임없이 노력했지만, 대개는 "시장에서 남보다 월등한 수익을 얻으려면 더 높은 위험을 져야 한다"는 주장에 그쳤다.

그러나 이런 주장과 이론에도 불구하고 적지 않은 투자자들이 오랜 세월 시장보다 높은 수익을 거두고 있는 것이 현실이다. 그런데 그들은 주로 장기투자자들이다. 특히 소수의 장기투자자들은 수십 년간 주식시장이나 부동산 시장에서 초과수익을 거두고 있다.

미국 오마하에서 활동하는 워런 버핏은 이런 말을 한 적이 있다. 만일 시장이 이론가들의 주장처럼 효율적이라면 자신은 이미 깡통을 차고 다니는 거리의 거지 신세가 되었을 것이라고. 그러나 그는 결코 투기적 투자가가 아니었고, 전형적인 장기투자가였다. 이러한 워런 버핏의 성공을 '설명되지 않는 사례'라고 치부했던 새뮤얼슨조차도 한때 자신의 돈을 버핏에게 맡기기도 했다.

부동산 시장도 마찬가지다. 20대 젊은 나이에 이미 부동산 투자로 두각을 나타낸 도널드 트럼프 역시 금싸라기 땅이라는 뉴욕의 맨해튼에 있는 수백만 제곱미터의 토지를 20년 넘게 장기 개발하는 과정에서 세계적인 부동산 거부로 떠올랐다.

그러므로 투자시장에서 남보다 나은 수익을 얻으려 한다면 주식이든 부동산이든 장기투자자가 되어야 한다. 그러나 시장의 현실은 반대로 흐르고 있다. 초과수익에 관심이 높을수록 투자기간이 초단기로 흐르고 있는 것이다. 주식시장에서는 데이트레이더가 초단기투자에 일생을 걸고 있으며, 부동산 시장에는 소위 기획 부동산이나 떴다방, 복부인들이 아직도 경매나 미등기 전매현장을 떠돌고 있다.

물론 개중에는 그런 투자로 큰돈을 버는 경우도 있지만, 이들의 성공을 보편적 수단으로 인정하기는 어렵다. 왜냐하면 장기투자의 성공에 비해 확률이 너무나도 떨어지기 때문이다. 새뮤얼슨은 이렇게 말했다. "투자시장에서 스스로 족집게 전문가라고 얘기하는 사람들에게 그런 비법은 없으니 시장을 떠나라고 말할 수밖에 없다. 배관공이 되든 교사가 되든 직업을 바꾸는 게 현명하겠지만, 그들은 누가 뒤에서 떠밀지 않는 한 미련을 버리고 시장에서 스스로 물러나지 않을 것 같다"라고. 이 말은 투기적 동기란 합리적이고 이성적인 판단의 세계가 아니라 개인의 고유한 심리적 성향이기 때문에, 그런 성향을 지닌 사람들은 주위의 만류나 설득에도 불구하고 투기 심리를 다스리지 못함을 지적한 말이기도 하다.

역사에 기록된 자산시장의 수많은 실패 사례는 하나같이 투기 과열에서 비롯되었다. 그럼에도 오늘날 갖가지 투기가 끊이지 않는 것은 투기 심리를 가진 사람들이 여전히 존재하기 때문이다.

얼마 전 미국의 비즈니스 잡지 「포브스(Forbes)」에서 '돈을 가장 잘 아는 사람'에 대한 여론조사를 했다. 1위는 워런 버핏이 차지했고, 역시 주식투자가인 짐 크레이머와 부동산 재벌 도널드 트럼프, 헤지펀드 전문가 조지 소로스가 10위권 내에 이름을 올렸다. 10위권 내에 투자전문가가 네 명이나 들어간 것도 놀랍지만, 더 주목해야 할 것은 이들 대부분이 장기투자 전문가들이란 점이다. 평생 투자를 하고 있다는 것도 공통점이다.

이들이 투자의 명인으로 알려진 것은 오래된 일이다. 이처럼 장기 전업투자가들이 금융학자, 기업인, 정부 관계자 등을 망라해 당대 최고의 '돈 박사'로 평가받은 것은 대단히 큰 의미가 있다. 역시 10위권에 든 화폐금융학의 대가 밀튼 프리드먼이나, 연방준비제도이사회(FRB) 의장으로 장수한 앨런 그린스펀, 21세기 최고의 성공신화로 꼽히는 빌 게이츠 등도 따지고 보면 학자나 정책 당국자, 또는 기업인으로서 일생을 노력한 사람들이다. 이처럼 돈을 벌고자 하거나 무엇을 이루려 한다면 일생을 던져 일하려는 삶의 의지가 있어야 한다.

개중에는 돈을 버는 것을 무슨 복권 당첨 정도로 가볍게 생각하는 사람들이 적지 않다. 한방에 성공하고 대박이 터지길 바라는 사람들이 갈수록 늘어나고 있다. 더욱 걱정스러운 것은 노력도 하지 않으면서 저절로 돈이 벌리기를 바라는 사람이 많은 현실이다.

조급하면 돈은 달아난다. 그렇다고 무심해도 돈은 찾아오지 않는다. 돈은 돈 자체로 찾아오는 법이 없다. 어떤 직업, 어떤 사업 속에 일과 함께 묻혀서 소리 없이 찾아온다. 그러므로 경제적 성공이란 사실 성공적인 인생의 뒤를 따라오는 보너스 같은 것이기도 하다.

그러나 오랜 기다림은 때로 사람을 핀치로 몰고 간다. 그래서 투자를 하는 것은 주식이나 부동산을 사는 것이 아니라 바로 인내심을 사는 것이라는 말이 있다.

1990년 주식시장은 지옥을 향해 내달리는 열차 같았다. 당시 누구도 주식시장의 미래를 내다보는 사람이 없을 정도로 폭락해 외상으로 산 주식들이 매물로 넘쳐났고, 도처에서 패잔병들이 신음하고 있는 상황이었다. 그러나 그해 10월 10일 이른바 대학살이라는 신용매물 일제정리 매도조치가 있고 나자 주가는 서서히 살아났고, 1994년과 1995년의 활황장세를 이끌어낼 정도로 회복세로 돌아섰다. 하지만 이미 1990년 신용융자 미상환 정리로 모든 것을 잃은 투자자들은 빈손으로 시장을 떠난 뒤였다. 결국 기회는 다시 여윳돈을 가진 잉여 자본가들에게 돌아갔고, 그들은 폭락의 잔해 위에서 꽃을 따는 행운을 잡게 되었다. 폭락에서 반등에 이르기까지 긴 세월을 잊거나 참고 기다린 투자자들에게도 행운은 미소를 보냈다.

1997년에는 아시아에 위기가 닥쳤다. 태국에서 시작된 아시아 금융시장 위기는 인도네시아를 거쳐 말레이시아, 필리핀 등지로 번져갔으며 급기야 서울을 강타해 IMF 외환위기라는 미증유의 경제불황을 초래했다. 1990년대 폭락 이후 7년 만에 벌어진 일이다. 이 충격은 코스닥으로 옮겨가 1999년에 잠시 폭등하던 코스닥은 2000년을 거치면서 거의 초토화되는 주가폭락을 초래한다. 소위 벤처기업 투자 거품 사태다.

하지만 이들은 다시 살아나 2007년에 코스피가 2000포인트와 만나는 대상승을 기록했다. 그러다 2008년 글로벌 금융위기로 인해 다시 폭락의 소용돌이에 빠졌다가 2015년에는 다시 2000 포인트를 나타내고 있다. 이 같은 기록을 보고 있으면 모든 등락의 사태를 참아낸 인내심 있는 투자자나 뒷심 있는 자본가라면 지난 세월을 가벼운 추억으로 삼을 만한 일일 터다.

투자를 하다 보면 예기치 않은 위기가 등장해 큰 충격을 주게 된다. 특히 주식은 이런 충격을 받으면 단기간에 엄청난 피해자를 양산해낸다. 아인슈타인의 상대성이론은 시간과 공간이 절대적으로 같지 않고 관찰자에 따라 상대적으로 다르다는 것을 말한다. 같은 세상을 살면서도 서로 다른 시간을 살아가는 사람이 적지 않다. 투자의 세계를 들여다보아도 많은 사람이 서로 다른 시간의 축 위에서 투자를 하고 또 결과를 기다린다.

워런 버핏의 스승으로 유명한 필립 피셔는 1950년에 매수한 모토로라 주식을 2004년 임종을 앞둔 시점에서야 처분해 세상을 놀라게 했다. 그는 주식을 팔면서 "만일 주식을 제대로 샀다면 그 주식을 팔 시점은 생전에 오지 않아야 한다"라는 명언을 남겼다. 그런가 하면 1992년 일본 고베 지진 때 요동치는 세계 증시의 소용돌이를 이용해 세기의 단타를 쳤던 젊은 펀드매니저 닉 리슨은 순간의 게임에 패해 자신이 몸담은 영국 최고의 투자은행인 베어링을 파산시키기도 했다.

이렇듯 증시에서나 부동산 시장에서 또는 금융시장에서 어떤 이는 일생을 걸고 투자할 대상을 찾는가 하면, 누구는 찰나의 승부로 일생을 먹고살 거액을 벌고자 타이밍을 쫓는다. 이들은 서로 다른 투자 지성을 가지고 있으므로 투자시장의 시계가 각기 다르게 보일 것이다. 장기투자로 주식을 고르는 사람들은 경제의 앞날을 우선적으로 고려하고, 당장의 매매차익을 내야 하는 사람들은 주식의 수요 공급에 민감하다. 아파트를 장기적으로 매수하는 사람에게는 도시환경의 변화가 중요하다면, 당장 전매차익을 내야 하는 사람은 정부의 규제 여부에 촉각을 곤두세울 수밖에 없다.

아인슈타인의 상대성이론에 따르면 움직이는 관측자의 시간은 짧고, 정지된 관측자의 시간은 길다. 이 이론에 입각하여 한 과학자는 성경에서 천지창조에 소요된 시간이 창조주에게는 6일이지만 사람의 시간으로는 160억 년이라고 주장하기도 한다. 여기서 우리가 얻을 수 있는 투자의 지혜는, 근본적이고 창조적인 시각의 투자자에게는 긴 시간도 아주 짧을 수 있고, 말단의 움직임만 관찰하는 투자자에게는 하루도 긴 시간일 수 있다는 사실이다.

긍정적이고 희망적인 사람은 긴 시간일지라도 코스모스

(cosmos)식 사고로 결과에 대해 분명하고도 일관된 믿음을 갖겠지만, 시간을 무작위로 변동하는 카오스(chaos)로 보는 사람에게는 시간이란 위험을 초래하는 불확실성에 지나지 않는다. 단순히 수익을 극대화하기 위해 초단기 매매에 관심을 가진다면 변화무쌍한 시간의 칼에 희생당하기 쉬우며, 굳은 심지나 내공 없이 무작정 장기투자에 나섰다가는 도무지 알 수 없는 긴 시간을 감당하지 못하고 목표 지점 목전에서 무릎 꿇기 십상이다.

그러므로 투자에 앞서 자기 자신을 잘 돌아봐야 한다. 먼 미래를 언제까지 긍정적인 생각으로 믿고 기다릴 수 있는지, 아니면 혼돈 속에 변동하는 시간에서도 자신만의 매매 타이밍을 찾는 순발력이 있는지 살펴봐야 한다. 이런 자기성찰을 거쳐 자기만의 투자방법을 찾았다면 장기투자와 단기투자가 상호 비교의 대상이 아니라 서로 다른 시간 속을 흐르는 별개의 세상임을 알게 될 것이다. 그러므로 투자 현장에서 이 두 가지를 동시에 취하기는 현실적으로 어렵다. 이는 투자자의 선택의 문제다.

지금 당신은 어느 시간 속을 달리고 있는가? 기나긴 시간을 놓고 자신만의 통찰력을 시험하고 있는가, 아니면 변화무쌍하게 변하는 시간의 흐름 속에 숨어 있는 규칙을 찾고 있는가?

# 부유층에게도
# '신의 한 수'는
# 없다

부자들은 절약도 많이 하고 저축액도 크다. 하지만 남들과 다른 경제습관이 있다면 바로 투자를 많이 한다는 점이다. 미국의 부자들은 전 재산의 20퍼센트 이상을 투자에 운용한다고 한다. 그래야 재산을 증식시킬 수 있기 때문이다.

그런데 투자란 자칫하면 본전마저 날리기 쉬운 데다 장기간 묻어두어야 하기 때문에 원칙이 있어야 한다. 여기서는 미국의 투자전문가 필롯이 제시한 법칙을 한번 살펴볼까 한다.

필롯은 투자의 가장 큰 적은 두려움이라고 한다. 하지만 두려움을 피해서 투자를 한다면 투자를 하는 본래의 목적을 달성할 수가 없다. 투자의 원칙은 높은 위험에서 높은 수익이 나는 것이다. 따라서 필롯은 걱정되지 않을 만한 투자 대상을 찾도록 권하고 있다. 자신이 잘 아는 투자 대상을 고르면 상대적으로 덜 불안하다. 가령 동네에 있는 기업의 주식에 투자한다면 다른 기업에 투자한 것보다는 마음이 편할 것이다.

다음으로 설령 최악의 손실이 나더라도 실의에 빠지지 않고 투자를 관리할 창조적인 방법을 강구해야 한다. 갑자기 큰 손해를 입으면 대부분 망연자실한 나머지 이를 만회할 기회를 놓치고 만다. 손실의 두려움을 담담히 받아들일 자세가 되어 있어야 한다. 위기 상황에서도 흔들리지 않는 담대한 자세가 요구되는 것이다.

또한 필롯은 이익에 눈이 어두워 위험천만한 투자를 감행하기보다는 실패의 두려움 때문에 아까운 투자기회를 놓치는 것이 더 나을 수도 있다고 말한다. 아무리 기회가 좋아도 지나치게 무모한 도전은 피하라는 것이다.

물론 투자의 명인들은 금융공황에서도 돈을 번다. 일본의 주식 명인 야마자키 다네후타. 제2차 세계대전 전후에 활동한 그는 '주식 시세의 귀신'이라는 말을 들을 정도였고, 일본 증권가에서 가장 오래 이름을 떨쳤다. 아흔의 나이로 세상을 떠난 그는 1965년 증권대공황을 가장 멋지게 벗어난 인물로 유명하다.

항상 하락 장세에서 주식을 빌려 매도하는 것으로 잘 알려진 그가 증권공황 시기에서만은 매수하여 기회를 잡은 일화가 있다.

그의 나이가 고희에 접어든 1965년, 이때 주가는 16년 전인 1949년 수준으로 떨어져 있었다. 마침 일본 최고의 증권사 야마이치가 도산 위기에 처했다. 정부로서는 주식보유조합을 만들어 떨어지는 주가를 받치고 있어야 하는 어려운 시기였다. 이런 상황 속에서 그는 저가 우량주를 사 모았다. 아무리 어려운 난관이라도 일본과 일본 국민이 극복하고 일어서리라고 믿었기 때문이다. 그의 예상은 적중했고, 공황에서 벗어난 후 그는 엄청난 돈을 벌었다. 이런 것이 투자 감성이고, 거인이 느끼는 동물적 본능이기도 하다. 이 일화를 통해서 모두가 위축된 대위기에서도 기회는 있다는 사실과 불안정기에는 값이 하락한 우량 자산을 매수하면 돈이 된다는 것을 알 수 있다.

워런 버핏은 투자운영회사를 설립하고 자신만의 리더십 모델과 자산운용 모델을 만들어 성공을 거두었다. 물론 그 역시 실수가 많았다. 하지만 그 실수들을 통해 배우고 독특한 투자 재능을 터득한 것으로 알려졌다. 이런 감각이 바로 대가의 투자 지성이다. 그는 자본시장이 언제나 생각대로 움직이지 않는다는 사실을 잘 알고 있었다. 그렇기에 주관적 판단을 자제하고 최대한 객관적인 시각을 유지하며, 이를 위해 모든 의사결정을 자기 능력 안에서 행하려고 노력한다고 한다.

또한 자산운용회사에 전문가들을 채용할 때는 정직성, 공정성, 높은 이상, 올바른 생활태도 등을 고려하고, 일단 채용하면 전적으로 신뢰한다고 한다. 자산을 운용하는 자리란 상명하달식의 명령체계보다는 자신의 행동규칙을 스스로 정해놓고 그에 따라 움직일 수 있는 동기부여의 환경이 중요하기 때문이다. 버핏은 이러한 행동규칙들이 서로 공감대를 형성하면 조직에 대한 충성과 임무에 대한 헌신이 가능하다고 믿는다.

버핏은 '복리의 수익기계(compounding machine)'란 말을 가장 좋아한다. 자신의 자산을 매년 15퍼센트 성장시킨다는 장기적인 목표에 맞추어놓고 먼저 고수익을 낼 수 있는 사업을 찾고, 다음으로 벌어들인 수익을 계속 재투자하는 노력을 지속적으로 하고 있다. 이런 기준 아래 그는 무려 30년 이상 회사의 가치를 연평균 25퍼센트씩 성장시켰다. 그리고 기업이 얻은 수익을 다시 보험업에 재투자해 현금을 확보하면서 기대수익이 높은 증권투자로 수익을 높여왔다. 특히 그는 현금 흐름을 장악하기 위해 기업인수를 선호하는 재무적 특징을 보인다. 결국 그는 재무적 이론의 기초를 착실히 실천하는 동시에 자신만의 고유한 지성과 상상력에 대한 확고한 믿음을 강점으로 활용했다고 할 수 있다.

버핏은 소규모 증권회사 사장인 아버지의 영향으로 열아홉 살에 주식평가 이론의 창시자라고 할 수 있는 벤저민 그레이엄의 『현명한 투자자(The Intelligent Investor)』를 접하고 주식의 시장가치를 평가할 때 쓰는 계량적 방법을 알게 되었다. 이어 컬럼비아 대학에서 직접 그레이엄 교수로부터 투자이론을 배운 뒤, 당시 매우 비효율적이던 미국 증시에서 과학이란 새로운 분석도구를 가지고 저평가된 주식을 찾아 나섰다. 개인투자자로 출발한 그는 경영자로 그리고 자산운용가로 변신하는 동안 조직의 관성이 기업에 작용한다는 것을 발견했다. 마치 뉴턴의 제1법칙인 관성의 법칙처럼, 기업이란 현재의 방향을 고수하려는 조직의 관성이 있기 때문에 실패하게 된다고 생각한 그는, 이러한 조직의 관성을 기업의 경영분석과 같은 펀더멘털을 통해 알 수 있다고 보고 기본적 분석에 충실한 투자원칙을 세우게 되었다.

버핏은 "지성은 단순한 감성의 노예가 아니다"라는 프랑스 철학자 콩트의 주장을 사업철학으로 받아들여, 그동안 믿고 싶은 것만 믿어온 것에 대한 반성을 하게 된다. 1964년 뉴잉글랜드에 있는 방직회사 버크셔헤서웨이를 인수한 다음이었다. 상당수의 섬유회사가 문을 닫는 1980년대까지도 그는 계속 섬유업에 투자했던 것이다. 그는 1969년에 이미 섬유업에 대한 전망이 흐리다는 판단을 내렸음에도 1985년까지 섬유업에 줄곧 투자하는 조직의 관성에서 벗어나지 못했다.

이후 버핏은 보험업에 투자하여 장기적으로 안정된 현금 흐름을 확보하는 가운데 꾸준히 자산배분에 변화를 주는 경영전략을 구사하고 있다. 자산을 배치할 때의 사고방식, 개입 방식,

동기부여 수준 등이 수익률을 결정한다고 믿으며 자산배분에 가장 좋은 결과를 가져온다고 생각했다.

조직의 관성을 없애는 데 있어서 버핏은 자칫 강박관념에 빠뜨리기 쉬운 전략 계획을 경계한다. 투자전문회사가 전략을 수립하지 않는 것은 대단히 무모한 일일 수 있지만, 변화무쌍하고 불확실성이 난무하는 투자시장에서 전략을 세워놓고 그에 맞추어 투자하다 보면 조직의 관성을 불러올 수 있기 때문이다.

버핏은 창의적인 조직을 유지하기 위해 조직의 관성을 없애려 하면서도 돈을 관리하는 방법에 있어서는 원칙을 지키는 보수성을 드러낸다. 자기 회사에 투자한 주주들을 위해서 벌어들인 이익은 일단 저축한다는 원칙이다. 주주의 이익을 극대화하기 위해서는 이익을 사내에 저축해두었다가 좋은 기업이 나왔을 때 주식을 사거나 인수합병하는 방법을 쓰는 것이다.

기업을 인수하기 위해 주식을 평가할 때 철저히 감정을 배제하는 버핏은, 훌륭한 투자자란 좋은 머리를 가질 필요가 없고 다만 조바심을 버려야 한다고 말한다. 대부분의 투자자들이 조바심 때문에 문제에 부딪히게 된다고 보았기 때문이다.

또한 주식가격에 대한 한 가지 원칙이 있는데, 시장에 독점력 있는 기업을 선호하며 그 기업의 시장 독점력이 얼마나 오래 지속되느냐를 보는 것이다. 독점력을 평가하는 기준으로는 고객이 필요로 하는 기업으로, 대체재가 존재하지 않으며, 가격 규제를 받지 않는 제품이나 서비스를 취급하는지를 본다. 이러한 기준은 그가 장기간 보유하고 있는 코카콜라나 질레트, 아메리칸 익스프레스 등의 주식에서 잘 드러난다. 그는 이런 기업을 '불변의 기업'이라고 부른다. 세계 최고의 브랜드 파워와 시장 지배력이 있기에 기업의 연속성을 신뢰할 만하다는 것이다.

하지만 이런 기업은 세계적으로 극히 소수에 불과하다. 따라서 다음으로 높은 가능성이 있는 기업에 주목한다. 이들 기업은 불변의 기업에 비해 현금 흐름의 양과 시기에 대한 예측이 다소 떨어지지만, 앞으로 가능성이 높다. 그는 5~10년간 유사한 제품을 팔고 있는 기업들이 다른 기업에 비해 수익이 높은 것을 발견했다. 다시 말해 예측 가능성이 높은 기업들이 수익률도 높다는 것이다.

이처럼 믿을 수 있는 기업 위주로 꾸준히 투자하기 때문에 그는 기업의 내재가치에 대한 객관성을 유지할 수 있고, 재무제표 등 기본적 분석으로도 저평가 기업을 가려낼 수 있다고 한다. 그는 기업이 변화에 휘둘리기 쉽다면 투자가 안전할 수 없다고 보고, 이른바 그가 주장하는 '때리기 쉬운 공'에 투자하는 것이다. 같은 맥락에서 버핏은 부채비율 제로를 원한다. 기업이 과도한 부채에 시달리면 기업의 지속성을 유지하기 어렵기 때문이다. 따라서 그는 부채를 지지 않는 것이 확실한 채무상환능력이라고 믿는다.

버핏은 많은 투자자가 시간과 돈을 들이는 투자분석에 대해서도 독특한 시각을 가지고 있는데, 거시경제 분석이나 시장분석, 증권분석 등은 하지 않고 오로지 사업만 분석한다. 철저하게 투자 대상 기업의 사업 내용을 분석해야만 좋은 성과를 낼 수 있다고 보기 때문이다. 이처럼 사업분석을 가장 중시하다 보니 자연히 투자 대상 기업의 경영자에 대한 평가에도 민감하다. 경영자가 적절치 않다고 판단되면 절대 투자하지 않는다.

이와 같은 원칙하에 버핏은 현명한 기본 틀을 가진 적절한 자질(proper temperament)을 갖춘 자산운용가에게 투자를 맡겨야 한다는 지론을 내세운다. 그는 합리성의 신념을 최고의 가치로 믿고 있고, 미국의 다른 투자기업의 주식매매 회전율이 100퍼센트라고 할 때 불과 3퍼센트에 그치는 장기투자로 일관하고 있다. 이를 그는 '여과된 합리성(filtered rationality)'이라고 칭하며, 돈을 너무 쉽게 버는 행운이 이러한 합리성을 해치는 독약이라고 지적한다. 그야말로 극도로 절제된 지성적 투자의 절정이라고 할 수 있다.

# 근면과 저축은
# 기본 중의
# 기본이다

동네에 가끔 들르는 작은 식당이 있다. 이른 아침부터 서둘러야 하는 날 일찍 문을 여는 곳이 없어 헤매다가 우연히 발견한, 골목 안에 있는 10평 남짓한 허름한 가게다. 여든을 눈앞에 둔 할아버지와 할머니가 1년 365일 하루도 빠짐없이 아침 5시에 문을 열고 밤 9시에 문을 닫는다.

어느 날, 마침 한가한 시간에 들렀다가 할머니가 살아오신 이야기를 잠시 들을 수 있었다. 30여 년 전 고향에서 작은 사업을 하다가 실패한 남편과 함께 1남 4녀를 데리고 무작정 상경해서 자리 잡은 곳이 당시 개발이 한창이던 서울 서초동의 공사장 근처였다. 허허벌판에 논밭이 전부였던 땅에 개발 바람이 불면서 곳곳이 공사장이었던 터라 노부부는 인부들을 상대로 밥을 해주는 일명 함바집을 열었다. 그리고 31년째, 여전히 그 자리에서 식당을 지켜오고 있다는 것이다. 메뉴도 그때나 지금이나 한결같이 백반이고, 식당도 그때의 그 크기라고 한다. 달라진 게 있다면 건물 주인이 여러 차례 나가라고 하는 바람에 아예 그 가게를 사들였다고 한다.

이렇게 한자리에서 밥집을 30여 년 운영해오면서 자식들을 대학이며 유학까지 뒷바라지해서 지금은 다들 사업가, 교육자, 공무원, 금융인, 음악가 등으로 성장해 국내외에서 활동 중이라고 한다. 또 식당 인근의 서초동에 아파트도 하나 장만했다고도 한다. 식당 건물, 집, 저축 등을 감안해볼 때 우리나라 1퍼센트 안에 들어가는 자산가인 셈이다.

게다가 지금도 식당에 오가는 손님이 하루에 150명 이상이라고 한다. 간략히 계산해보아도 하루에 100만 원 매출이 거뜬한 자리다. 그런데 한 달을 꼬박 영업을 한다. 종업원이라고 해야 바쁜 시간에 근처에 사는 며느리가 와서 주방을 돕고, 딸이 서빙을 하며 손주들 과외비를 벌어 간다고 했다. 일요일 오후에만 외부인 한 명을 써서 휴일에도 식사하러 오는 단골을 대접하도록 한다고. 그때 노부부는 집에 들어가 못다 한 집안일을 한다고 했다. 노인네가 우두커니 놀면 뭐하냐며 이 작은 식당을 계속하고 있단다.

성실하게 장사하고 검소하게 생활하는 이런 분들이야말로 부자의 길을 걷는 인생의 정답을 실천하고 있는 셈이다. 우선 20년 이상 한자리에서 같은 사업을 하고 있다. 메뉴도 가장 기본이 되는 가정식 백반이다. 할머니가 직접 만든 것만 판다. 또 손님의 대부분이 10년 이상 된 단골이라고. 이런 가게를 하루 종일, 1년 열두 달 연다. 필요하면 가족이 돕지만, 가급적 노부부가 직접 해결한다. 어느 하나 교과서를 벗어난 부분이 없다. 그러니 이렇게 뒷골목 작은 가게에서 단품 메뉴로 소리 없이 성공한 것이다. 아니 단순한 삶의 성공이 아니라 사업에 있어서, 장사에 있어서 득도한 것이다.

세상에 특별히 돈 잘 버는 아이템이나 해법이 따로 있는 것이 아니다. 이렇게 지혜롭게 기본을 지키며, 근면과 저축으로 자기 삶에 조용히 최선을 다하면 된다. 이런 사람이야말로 돈을 버는 정답을 가진 사람이다.

얼마 전 우리나라를 찾은 세스 고딘이 이런 말을 했다. "가난을 벗어나는 유일하고 합법적인 길은 땀 흘려 일하고, 수입보다 검소하게 생활하고 남은 것을 저축하는 것이다." 누구나 이같은 삶의 태도를 강건하게 잘 지킬 수 있을까? 그 대답은 물론 "아니다"이다.

인간은 언제나 할 수만 있으면 근로시간을 줄이려 노력하고,

벌어놓은 돈 이상을 쓰기 위해 돈을 빌리고, 정부는 경기를 부양하기 위해 근거도 없이 돈을 찍어 실제 가치보다 많은 돈을 유통시켜오고 있기 때문이다.

그러나 한 인간의 삶을 들여다보면 누구는 평생을 돈을 빌리기보다 남에게 빌려주는 입장에서 살다 가고, 누구는 항상 돈을 빌리는 일에 골몰하다가 일생을 마치기도 한다. 이같이 전혀 다른 삶의 태도를 들여다보면 어린 시절부터 몸에 밴 삶의 원칙이나 정신세계와 관련이 커 보인다. 또 개중에는 그의 부모들과의 관계에서 그 근면함과 검소함의 근거를 발견하기도 한다. 결국 정신적 가치로는 바로 이해되는 근면한 일상과 검소한 생활이 실제 생활에 실천되는 힘은 마치 신앙의 태도와 같은 확고하고 굳건한 믿음의 경지에서 가능한 일일 것이다.

후진국을 거쳐 중진국을 지나고 이제 선진국의 문턱을 넘은 우리 사회는 애초부터 근면한 정신, 검소한 생활, 저축하는 습관으로 출발한 사회인지라 다시 여기서 그때의 삶을 기억하면 생활혁신이 가능하다고 본다. 특히 그때 어린 시절을 겪은 베이비부머나 시니어들은 다시 손주들을 무릎에 앉히고 지나간 삶을 추억하며 자랑스럽게 가르칠 수 있어야 한다.

매사를 할 수만 있으면 스스로 하고, 하찮은 물건이라도 아껴 사용하고, 있는 대로 다 소비하지 말고 모아두고 다시 쓰는 생활의 검약함이 얼마나 맑고 건강한 정신을 가져다주는지 조부모들이나 부모들은 아름다운 가족사로 당당히 전해주어야 할 때다.

가뭄이 한창이던 시절, 제한급수하던 수돗가에서 일터로 출근하는 아버지가 먼저 세수하고, 학교 가는 형과 동생이 그 물에 다시 씻고, 어머니가 그 물에 걸레를 빨았어도 오늘의 가족보다 더 따뜻했음을 그 세대들은 기억하고 있다.

# 유능한 사람은
# 유익한 사업을
# 한다

                  요람에서 무덤까지 인간의 존엄성을 지켜주고 삶의 기본을 영위하게 해주겠다는 목표를 내세운 사회복지도 이제는 변화의 물결을 맞이하고 있다. 복지에 대한 수요는 날이 갈수록 늘어만 가는데 복지 재원은 갈수록 고갈되는 현실을 보면, 무턱대고 보장식 복지제도를 고수하는 것도 정답은 아닌 듯 보인다. 더욱이 급속도로 늘어가는 노령 인구를 고려한다면, 제도와 정책으로 전체적인 복지 공급을 결정하는 시스템에서, 한정된 자원과 예산의 효율과 생산성을 고려한 생산적 복지로 전환해야 한다는 주장이 설득력을 얻고 있는 형국이다.

만일 점점 미래의 사회복지가 그렇게 되면, 본격적으로 복지 수혜계층으로 진입하는 시니어들은 그동안 알게 모르게 기대해 왔던 앞으로의 사회보장이나 복지혜택에 대해 신중하게 접근해야 하며, 기대감을 크게 낮추어야 할 것이다.

먼저 연금문제만 해도 그렇다. 시작할 때는 이런저런 말들이 많았던 각종 연금들이 어느새 많은 국민의 실질적인 노후대책으로 부상하기 시작했다. 하지만 수혜자가 빠르게 늘어나는 탓에 부족한 재원을 채우기가 쉽지 않다. 정부는 부득이하게 수혜 개시 시점을 갈수록 늦추되 연금 불입액은 높이는 비상수단을 강구하고 있는 실정이다. 수령자의 급증으로 고민하는 국민연금이나 정부의 출연금 부담으로 논란이 많은 공무원연금 등이 대표적이다.

얼마 전 국회 예산정책처에서 국민연금 고갈 시점을 2053년으로 예측한 자료를 내놓았다. 현재 440조 원인 국민연금 규모는 2040년에 1582조로 최고치가 되었다가 2040년을 넘어서면 지속적인 적자 국면에 들어서게 되며 2053년에 제로가 된다고 보았다.

단적으로 말해 지금 스물네 살 청년이 연금 지급을 받게 되는 예순다섯이 되면 한 푼도 남아 있지 않게 되는 것이다. 앞으로 해마다 연금 지급은 7퍼센트씩 늘지만, 연금 수입은 납입금과 운용수익을 합쳐도 2.5퍼센트에 불과하기 때문에 벌어지는 일이다. 이런 상황인지라 당장이라도 연금 지급나이를 현행 65세에서 67세로 늘리고 연금보험료도 현행 소득의 9퍼센트에서 13퍼센트로 올려야 한다는 주장이 나오고 있다.

안 그래도 복지환경이 좋아지지 않음을 느끼는 현실에서 이런 보고서까지 나왔으니 마음이 참 무거울 수밖에 없다. 더욱이 저성장, 저수익 상황에서는 실제 연금고갈 시점이 이보다 당겨질 수 있고, 오늘날과 같은 사회적 지지를 계속 받을 수 있을지도 불투명하다. 어쩌면 정부 측의 이러한 보고서도 그런 행간의 의미를 국민들에게 전하려 한 것인지도 모른다.

지금은 정부가 중심이 되어 공급되는 복지서비스이지만 장기적으로 상업화 또는 유료화되는 방식도 등장할 전망이다. 노인복지나 장애인복지 등 아직은 걸음마 단계이긴 하나 시간이 갈수록 시장논리가 개입되면서 선택적 서비스 또는 질적 서비스가 이루어져 고급화되거나 다양화될 것이다. 이러한 추세가 이어지면 현재 수급자나 차상위 계층, 저소득층 노인들을 위한 경로식당 같은 서비스도 복지전문기관을 중심으로 한 단순 공급 체제에서 해당 수요자들에게 직접 돈을 지불해 시장에서 자유롭게 구매하도록 하는 체제로 변하게 될 것이다.

결국 이러한 사회구조의 변화는 장기적으로 국민 각자가 사회복지제도에 연연하기보다는 스스로 경제적 기반을 확충하여

자율복지, 가족복지로 보완할 수 있어야 함을 시사한다. 따라서 앞으로 등장하는 정부는 국민들의 지지를 얻기 위해 풍요로운 사회복지 시스템을 약속하겠지만, 수요와 공급의 불균형을 고려한다면 이는 선언적 의미 수준에서 받아들여야 할 것이다.

전체적으로 미래의 복지는 개인부담이 늘어나는 동시에 차별적·선택적으로 제공될 가능성이 크다. 서비스 경제도 국제 경쟁력을 갖추어야 하기에 빠르게 시스템 변화가 나타날 것이고 새로운 시스템이 도입될 것이다.

이미 의료계에서는 제한된 의료수가가 의료서비스 발전에 저해 요인이 되어 선진국과의 경쟁에서 뒤처지고 있다며 문제를 제기하고 있다. 해외로 직접 의료서비스 투어에 나서는 고급 의료 소비자들도 볼 수 있다.

결국 사회복지든 의료서비스든 국민의 부담이 늘어날 수밖에 없는 구조이며, 이러한 변화는 시니어 계층에게 경제적 부담으로 작용할 것이다. 특히 노후복지의 문제는 수익자 부담의 시장 논리에 점점 영향을 받게 될 공산이 크다.

종합해보면 다층적인 사회복지 구조가 예고되고 있다고 볼 수 있겠다. 우리 사회에는 법률의 서비스 적용과 관련해 '유전무죄, 무전유죄'라는 풍자가 있었듯이, 사회복지도 머지않아 귀족복지와 서민복지로 양분화할 가능성이 농후하다.

복지의 사회적 기능이 후퇴하면서 개인의 능력이나 가정의 역할이 증대하는 이면에는 갈수록 늘어나는 노인인구가 결정적 요인으로 작용하고 있다. 따라서 노인복지에 대한 사회적 인식은 냉정해질 수밖에 없다. 젊은이들이 더 이상 노인들의 사회적 비용을 분담하기를 거부한다면 나이 든 사람들이 스스로 생산적 역할을 통해 자신을 위한 복지비용을 충당해야 할 것이기 때문이다.

현재의 50~60대 시니어들은 바로 이런 세태를 겪게 될 1세대가 될 전망이다. 따라서 이에 대한 슬기로운 대비가 필요하다. 결국 나이가 들어서도 일할 수 있는 능력을 유지하는 것이 최선이라고 본다. 정부도 이에 대한 대처로 '노인 일자리 창출'이라는 정책과제를 수립하고 진작부터 시행해오고 있다. 하지만 일부 공공부문에서만 시범적으로 시행되고 있을 뿐 민간에서는 외면하고 있는 것이 현실이다.

따라서 앞으로 자신들의 일자리를 지켜야 할 시니어들은 자기 자신이 스스로를 고용해야 하는, 자기고용의 정신을 철저하게 가져야 한다. 가족들의 협력과 슬기로운 준비가 뒷받침되어야 함은 물론이다. 그런 점에서 세컨드라이프를 위해 무슨 일을 준비할지 결정하는 것도 아주 어렵고 중요한 일이다.

잘 아는 지인 중에서 특별히 정원이나 집안 꾸미기에 재능이 있는 분이 있었다. 가끔 주변에서 인테리어에 관해 조언을 부탁하면 성의껏 도와주는 재능 있고 친절한 이웃이었다. 그러다 나이가 들고 아이들이 장성하자 배우자와 함께 서울 근교로 이사하고 작은 터를 장만하더니, 조금씩 뜰을 가꾸고 집 안도 손질해 자기만의 소박한 정원이 있는 집을 마련했다. 그런데 그 주변을 지나며 이 사람 저 사람이 찾아와 하룻밤 묵어 가기를 청하다가, 급기야는 주말이나 휴가철에 가족들과 휴식을 원하는 도시민들에게 게스트하우스를 빌려주는 일을 곁들여 하게 되었다고 한다. 이젠 제법 이름이 나서 주말에는 예약을 해야 한다며 수줍게 웃었다. 유능한 사람은 이렇게 언젠가는 유익한 일을 하며 더 많은 이들에게 즐거움을 준다.

# 사업은
# 가업일수록
# 장수한다

일본에서 가장 이재에 밝은 사람으로 알려진 이가 있다. 바로 대만 출신의 화교 사업가이자 경제평론가인 구영한이다. 그는 주식과 세금에 대해 잘 알고, 일본과 대만에서 여러 사업체를 운영하며 큰 재산을 일궜다. 그는 재무전문가들이 흔히 말하는 재산의 분산관리에 대해 다소 다른 입장을 가지고 있다. 경우에 따라서는 집중투자하는 것도 바람직하다는 것이 그의 의견이다. 즉 적은 돈을 가지고 있을 때에는 주식에 집중하여 투자하는 것이 좋은 결과를 가져올 수 있다는 것이다. 그만큼 투자에 과감한 인물이다. 아마 그의 성격

탓도 있겠지만, 경제전문가로서 자신의 지식과 경험을 믿기 때문에 가능한 일일 터다.

그는 재무관리에 대해 체계적으로 배우고 연구하며 쌓아온 경제경영 지식을 재산관리에 적극 활용한다. 하지만 큰 틀에서는 이재(money)보다는 감(sense)을 중시한다. 주식투자를 할 때는 이른바 대세투자를 즐긴다. 즉 시장의 흐름을 따라 자주 사고파는 매매전문가가 아니라 한번 경기 흐름을 타면 계속 그 상승세를 지켜보면서 장기적으로 투자하는 것이다. 경제의 구조가 바뀌고 전체 파이가 커지고 있다는 판단이 서면 경기를 주도하는 주식에 좀 더 많은 돈을 투자하고, 그 흐름을 타고 가는 전략이다. 그는 스키를 타거나 서핑하는 기분을 투자를 하면서 느낀다고 한다.

이때 특정 주식이 경기를 주도한다고 하더라도 해당 기업에 대해 잘 모르면 그는 투자하지 않는다고 한다. 그래서 일상에서 자주 접하는 주변 기업에 주로 투자한다. 이들 기업에 대해서는 어느 정도 경험을 통해 알 뿐 아니라 기업의 재무자료를 분석하더라도 쉽게 이해할 수 있다는 이점이 있기 때문이다. 그는 투자 대상 기업을 철저하게 분석하면서, 그때 떠오르는 그 기업에 대한 자신의 느낌을 찾으려고 노력하는 사람이다. 그러니까 스키든 서핑이든 사전에 코스 답사를 철저히 한다는 의미다.

일반적으로 주식의 위험성을 말하며 많은 주식에 분산투자하는 사람들이 있는데, 그는 세 개 회사에만 분산해도 시장위험에 대비하기에 충분하다고 생각한다. 대상 기업이 많아지면 집중투자의 묘미도 떨어지지만, 그 기업을 정확히 관찰하고 대응하기에 어렵다는 것이 그 이유다. 투자의 귀재라는 워런 버핏도 불과 몇 개 회사에 자신의 재산을 집중투자한다는 점에서 비슷하다. 특정 지역에 많은 땅을 보유하고 집중개발하는 부동산 재벌 도널드 트럼프와도 접근방법이 유사하다. 과감하게 결정하되 자신의 고유한 감각과 경험을 중시하는 것이다.

그는 시장에서 인기 있는 주식에 투자하기보다는 미래에 우량기업이 될 기업을 발굴하는 것이 효과적이라고 말한다. 그리고 이런 결정을 내려 투자한 기업에서 수익을 거둘 때는 한꺼번에 매도하지 말고 분할하여 매도하고, 잘못된 투자라고 생각하면 한꺼번에 즉각 매도해야 한다고 생각한다. 대중의 감성투자를 반대로 이용하는 이성투자의 면모를 보여준다.

하지만 구영한의 가장 큰 장점은 창업 수완이 탁월하다는 데 있다. 그는 창업이란 장사에 소질이 있는 사람이 해야 한다고 생각하며, 장사하는 사람은 모름지기 사람을 잘 부릴 줄 알아야 한다고 말한다. 자기 한 몸 추스르는 데 급급한 사람은 장사에 적합하지 않다는 것이다.

구영한은 장사에 관심이 있다면 20~30대에 하는 것이 좋다고 여긴다. 즉 관심 있는 일은 젊어서부터 일찍 뛰어드는 것이

유리하다는 의미다.

따지고 보면 워런 버핏이 10대 때부터 주식에 관심을 보인 것이나, 도널드 트럼프가 20대에 이미 부동산으로 거부가 된 점도 같은 맥락으로 볼 수 있겠다. 이들 모두 인생의 감이 잡히는 나이가 빨랐다.

그렇다면 기한을 얼마나 두어야 할까? 구영한은 창업했으면 최소한 3년은 기다려야 하고, 목표 시점은 10년 이상은 보아야 한다고 말한다. 본인도 여러 가지 장사를 하다가 중도에 잘되지 않아서 그만두려고 했다가 직원들이 만류하는 바람에 3년을 넘기고 나니 성공한 경우가 적지 않았다고 한다. 심지어 호텔업은 최소한 10년간 창업자에게 아무런 보상이 없다고 그는 강조한다.

많은 사업체를 거느린 그는 사람을 쓰는 것이 가장 어렵다면서, 작은 사업체에서는 대체로 7개월에서 1년이 고비라고 했다. 그래서 가급적이면 소규모 창업은 할 수 있다면 가족끼리 하라고 권한다. 가족들이 각자 전문성을 가지고 있으면서 일의 분담이 가능하면 사업체가 장수할 수 있다는 것이 그의 의견이다.

또한 창업에서는 영리한 사람보다 성실한 사람이 더 바람직하다고 말해 신뢰가 가장 중요한 덕목임을 강조하고 있으며, 직원에게도 장차 성공의 꿈을 가질 수 있도록 부단히 배려해야 한다고 말한다. 대신 실패했다는 판단이 서면 깨끗이 실패를 인정하고 물러나 재기를 도모하는 결단력이 필요하다고도 말한다. 그 역시 창업한 지 2개월 만에 철수한 사업도 있다고 한다. 유행을 타는 사업일수록 그러한 결정이 빨라야 한다고 그는 생각한다.

새로운 사업을 구상하는 발상법에 대해서는 사람들의 욕구 속에 숨어 있는 바람을 사업으로 만드는 안목을 가지는 것이 중요하다고 조언한다. 그는 일본 최초로 '비즈니스 호텔'을 만든 사람으로서, 사회가 어디를 향해 가고 있는지 그 방향성을 생각해보면 새로운 사업 아이디어를 구할 수 있다고 한다. 사회감성의 발견을 주장한 것이다.

그러나 기업도 만들어놓고 보면 나이가 든다. 갓 출범한 초기에는 마치 어린아이처럼 무엇 하나 제대로 돌아가는 것이 없고, 어설프기 짝이 없다. 그러다 조금 연륜이 쌓여 20년쯤 지나고 나면 열정과 의욕으로 역동성을 보여주기도 하지만, 실수하거나 과욕을 부리는 경우도 종종 발생한다. 그리고 40년쯤 지나고 나면 비로소 안정감 있는 기업으로 역사적 가치를 담아내며 장수의 길로 접어들게 된다. 이것이 기업의 수명주기 이론에 나오는 100년 기업의 'U-타입' 이론이다.

이제는 사람에게도 이 이론을 적용해야 되지 않을까 싶다. 그동안 50~60대에 맞이하던 정년을 요즘은 30~40대에 준비해야 한다. 얼마 전 20대 직장인에게 스스로의 정년을 몇 살로 보느냐고 물었더니 45세로 답한 비율이 가장 높았다고 한다. 우리 정부가 발표한 국민의 경제적 인적 가치도 35~39세 구간이 가장 높게 나타나서 이 같은 사실을 뒷받침하고 있다.

이렇듯 마흔을 넘으면 직장에서 손을 떼야 하는 시대의 압력을 받는 사람이 늘고 있다. 특히 40~50대 남자의 경우 더욱 고통을 크게 느끼는 형국이다. 한 조사에 따르면 마지막 디지로그 세대인 40~50대가 스스로를 가장 불행한 세대라고 느끼고 있는데, 가정적인 불화가 가장 큰 불행요소라고 답했고, 뒤이어 미래에 대한 자신감이 없어서라고 답했다고 한다. 가장의 역할을 제대로 해내지 못하는 것에 대한 압박을 크게 받는다는 얘기다.

반면 고성장의 수혜 세대인 60대 이후는 비교적 행복하다고 답했단다. 젊은 디지털 세대에도 끼지 못하고 고성장의 혜택도 받지 못한 40~50대들은 그야말로 끼인 세대가 되어 불행을 온몸으로 느끼고 있다. 그래서 더욱 앞으로는 40~50대 부부의 창업정신과 경영자 마인드가 꼭 필요하다.

머지않아 인간의 수명은 100세 시대에 도달하게 될 것이다. 언젠가 읽은 미국 잡지에서는 현재 약 10만 명 수준인 미국 내 100세 초과 인구가 곧 200만 명을 넘어설 것이란 전망도 있었다. 어떤 의사는 앞으로 20년 후가 되면 전 인구의 5퍼센트 이상이 120~150세까지 살 수 있다는 연구를 인용한 글을 발표하기도 했다.

하지만 수명이 늘어났다고 해서 마냥 좋아할 수만은 없는 노릇이다. 많이 벌어놓은 것도 없이 직장에서 중도 탈락의 아픔을 겪는 사람이 점점 늘어나고 있다. 나이가 들면 아무래도 일을 가질 기회가 줄어든다. 몸도 자주 아프게 되니 재정적 어려움은 더욱 커진다. 모두의 걱정이다. 그런 만큼 국가적으로는 물론이거니와 개인적으로, 또 가정적으로 대비가 반드시 필요하다.

권하건대 이제는 먼저 가족 단위에서 장기적인 가문경제와 복지운영 전략을 세워야 한다. 식구들에게 무조건 직장 일만 찾도록 고집할 것이 아니라, 각자 할 수 있는 다양한 일을 온 식구가 같이 고민하고 도전해보는 것이 가족들의 자기고용 역량을 강화하고 자립능력을 키우는 지름길이 될 수 있다고 본다.

돈이란 많이 벌기보다 오래 벌 수 있으면 흡족하고, 가족은 할 수만 있다면 늘 함께하는 것으로 족하다. 우리 경제사회는 저성장 세상으로 서서히 빨려들어가고 있다. 느리게 살아가는 데는 가족과 자기 동네가 제격임을 행동으로 느껴보는 일상을 권하고 싶다.

# 부자는
# 목적형이 아니라
# 실적형이다

서브프라임 모기지 사태 이후 다시 전통적인 노동가치와 가계소득을 중시하는 사회로 돌아간 미국의 저축률이 살아나고 있다. 현재 미국의 20~30대 초반의 65퍼센트가 저축을 하고 있다. 40대의 40퍼센트, 50대의 30퍼센트가 저축을 하는 것과 비교해볼 때 상당한 수치다. 게다가 이들 중 20퍼센트는 저축 금액이 5만 달러가 넘는다. 10대들의 분위기도 크게 다르지 않아서 미국의 10대 중 70퍼센트가 지금부터 노후를 위해 저축하겠다고 응답했다고 한다. 과거에는 이런 응답이 50퍼센트를 넘어서지 못했다.

이런 변화의 배경에는 젊은이들이 노후를 대비하려는 인식의 변화도 있지만, 일부 젊은이들이 과거에 비해 고소득을 올리고 있기 때문이기도 하다. 지식형 산업이 등장하고 고학력의 전문가가 필요한 사회 분위기가 젊은 고소득자를 양산하고 있다.

우리도 점차 젊은이들에게 돈 버는 기회가 넘어갈 것으로 보인다. 그런데 젊은 사람들은 어쩌면 젊었을 때 한동안 번 돈으로 노후준비까지 마쳐야 할지 모른다. 이런 흐름을 우리 젊은이들은 제대로 알고 있을까?

만일 미래에도 개인의 재력을 성공의 잣대로 삼는 가치 기준이 유지된다면 지금 젊은이가 할 일은 열심히 일하고 저축하는 일뿐이다. 이를 위해 더 많이 벌어야 하고, 그것도 한 살이라도 더 어린 나이에 그래야 한다.

눈여겨볼 사실은 미국 부자 중에 유독 경매업자가 많다는 점이다. 미국의 경매업자 중 35퍼센트가 백만장자란 사실이 이를 입증한다. 경매업자란 파산한 사람의 재산을 경매 처분해주는 사람을 말한다. 미국 전체 인구의 3퍼센트가 백만장자라는데, 경매업자 중 35퍼센트가 이 3퍼센트 안에 들어간다니 확실히 연구해볼 만한 가치가 있는 듯하다.

경매인들이 이처럼 고소득을 올리는 비결이 무엇일까? 연구해본 결과, 이들은 보통 사람들보다 검소하게 산다는 사실이 밝혀졌다. 이들은 소득 수준이 같은 다른 직종 사람들에 비해 적은 비용으로 생활하는 것으로 조사되었다. 그렇다면 왜 경매인들은 검소하게 살며 재산을 모으는 것일까?

그들은 매일같이 파산한 사람들의 재산을 처리하는 업종에 종사하다 보니 파산의 고통이 얼마나 큰지를 뼈저리게 느낄 기회가 많다. 파산으로 인한 경제적 어려움을 경매업자들은 누구보다 잘 알고 있었던 것이다. 이들은 또한 주택을 구입할 때 보통 사람들보다 40퍼센트 정도 덜 쓰는 것으로 조사되었다. 경매물건 중에서 자신에게 필요한 품목을 싸게 살 수 있기 때문이다. 이를 종합해보면 검소하게 살고 가난을 경계하고 산다면 누구나 부자가 될 수 있는 것 같다.

하지만 진정 부자가 되고 싶은 사람이라면 젊어서는 재산을 평가하지 않기를 바란다. 젊어서 자신의 재산이 조금씩 불어남을 알게 되면 자칫 나태해지고 쓸 곳부터 생각나게 마련이다. 그러면 자연히 일도 덜 하게 된다. 돈을 벌 시간을 놓치게 되는 것이다.

노후생활을 위해서라도 우리는 재정계획이 필요하다. 늙고 병들고 일이 없을 때 모아둔 돈으로 병원에도 가고, 여행도 하고, 공부도 하는 등 생활을 유지해야 한다. 그러기 위해 저축이 필요한 것이다. 그러니 재산이란 나이가 들어서나 중요한 것이지 한창 일할 수 있는 젊은 시절에는 재산 규모에 지나치게 신경 쓰지 않는 편이 좋다. 열심히 일하면 재산은 당연히 모이고,

계산해보지 않아도 자꾸 불어난다. 그래서 부자는 젊어서도 탄생하지만, 본인이 부자임을 알게 되는 것은 대개 나이가 한참 들어서다.

사람마다 저축의 목적은 제각각이다. 소비를 위해 적은 돈을 저축하는 사람이 있고, 재정적인 독립을 위해 조금 규모가 있는 저축을 하는 사람도 있다. 은퇴하고 쉬기 위해, 아직 남아 있는 자녀들의 학업 뒷바라지를 위해, 갑작스러운 세금을 내기 위해 저축하는 사람도 있다.

하지만 부자가 되기 위해 저축을 한다면 다음의 원칙을 지킬 것을 권한다. 저축을 하되 미래의 투자를 위해 저축하는 것이다. 즉 투자할 대상이 없으면 절대 저축액을 인출하지 말고, 충분한 투자자금이 모일 때까지 부단히 투자 대상을 연구하고 투자 시점을 포착해야 한다.

이렇게 저축이 투자로 이어지면 부자가 될 수 있다. 일단 저축한 돈은 투자를 위해 쓰고 한번 투자한 것은 가급적 되팔지 않아야 한다. 과거 60대 이후에 부자가 되던 시절에는 이성적이고 냉철한 사람들이 돈을 벌었다면, 이제는 사회적 공감대의 핵심을 정확히 꿰뚫어보고 그 대중감성의 토대 위에서 사업 전략을 구사해야만 젊은 나이에도 갑부의 반열에 오를 수 있다.

최근 우리 사회에 부자에 대한 관심이 급격히 늘어나고 있다. 이전에도 부자에 대한 관심은 늘 있어왔다. 하지만 요즘 보이는 관심은 하나의 사회적 신드롬이라고 할 만하다. 이는 그동안 우리 사회가 공동체의식 위에서 개인적 성공보다 집단적·사회적 성공을 주된 가치로 삼아오던 분위기에서 개인적·가정적 성공을 하나의 중심 가치로 받아들이는 시대로 변모하고 있음을 뜻한다. 더불어 국가 주도의 경제성장 모델이었던 엘리트 산업 중심 성장 모델에서 벗어나 개인의 재능이나 창의력, 도전정신을 바탕으로 자기 생존의 기반을 닦아야 하는 시대로 접어든 것도 한 요인이다.

하지만 시대적 상황이나 사회적 입장이 유사한 처지에서도 저마다의 재무운용에 있어서는 차이가 매우 크다. 소득이 많다고 해서 반드시 재산이 많은 것도 아니고, 소득이 적다고 해서 꼭 재산이 적은 것도 아니다. 개인 소득과 개인 재산 사이에는 생활습관과 재무적 재능이란 또 다른 변수가 작용하는 까닭이다. 그래서 많은 연구자가 재정적으로 성공한 사람들을 대상으로 다양한 연구를 거듭하며 비결을 알아내고자 노력해왔다. 그 결과 대개는 돈을 다루는 특별한 재주가 있다기보다는 삶을 대하는 태도에서 차이가 있음이 발견되었다. 저마다의 삶에서 익히게 되는 감성적 정보체계, 즉 재무감성의 차이에서 기인하는 것이 아닐까 싶다.

서구에서 부자들은 대체로 근면하고 절약하며 검소한 생활태도가 두드러지는 모범적인 사람으로 인식되고 있다. 브라이언

트레이시는 부자들이란 자신의 경제생활을 분석하며 살아온 사람들이라고 했고, 토머스 스탠리와 윌리엄 댄코는 부자들은 할인구매를 좋아하고 일하는 것을 즐기며, 평생 저축과 투자를 중단하지 않는 사람들이라고 설명했다. 마이클 르뵈프는 부자란 시간의 가치를 인식하고 시간을 효율적으로 투자하는 법을 아는 사람들이라고 규정했다.

따라서 부유층들의 삶의 평하자면 그들은 단순히 부자가 되겠다는 목적을 가지고 살았다기보다는 부자가 될 만한 삶을 실천하고 살아온 결과가 그들을 부자로 만든 것이라고 할 수 있다.

# 인간자본은
## 마르지
## 않는다

과거에는 은행에서 돈을 빌려 사업을 시작하거나, 남의 지식이나 기술을 함부로 베껴도 큰 문제가 없었다. 하지만 앞으로는 그렇지 않다. 남의 지식이나 기술로 사업을 하고자 한다면 로열티를 지불해야 한다. 자기자본이 없으면 고수익 사업에 도전하기 어렵다. 불확실한 사업을 하면서, 때가 되면 갚아야 하는 부채로 자본을 조달하다가는 성공의 시기를 맞출 수가 없다. 성공의 길은 멀고 경쟁이 치열하다. 따라서 남의 돈을 빌려 시간과 상황에 쫓기면 사업을 제대로 할 수가 없다.

자기자본에는 자기 소유의 재정자본(Financial Capital)과 인간자본(Human Capital)이 있다. 인간자본에는 여러 유형이 있는데 마이크로소프트사는 창의력, 열정, 영민함, 활기, 임무 완수 등 다섯 가지 덕목을 특히 강조한다. 창업자인 빌 게이츠는 이를 판단하는 기준으로 야망, IQ, 기술적 전문성, 사업 판단력 네 가지를 들었다.

미국에서 100년 동안 100대 기업을 한 번도 놓치지 않은 GE는 사회적 기준에 따라 필요한 인재를 고른다. 그 기준은 에너지(Energy)다. 열정과 에너지, 동기부여(Energize) 능력이다. 이와 함께 실행력(Execution)을 요구하며, 치열한 기업 간의 생존경쟁에서 집중과 결단, 최고 지향성을 목표로 한다.

일본의 소니는 아예 전 직원을 디지털 세상을 꿈꾸는 어린이(Digital-Dream Kid)로 만들고자 한다. 이를 위해 다섯 가지를 제시하고 있는데 호기심(Curiosity), 마무리에 대한 집착(Persistence), 사고의 유연성(Flexibility), 낙관론(Optimism), 리스크 감수(Risk-taking) 등이다.

이런 초일류 기업들의 인재상을 종합해보면, 업무적으로는 전문성과 변화 대처능력, 주도적인 업무자세를 요구하고, 개인적으로는 도덕성과 인간미를 덕목으로 삼고 있음을 알 수 있다. 바로 이런 덕목들을 갖춘 재원이 많으면 인간자본이 충분하고 가치 있다고 볼 수 있다.

이는 토지나 기계, 설비, 원자재 등을 자본으로 삼던 농업사회나 산업사회와는 달리 지식서비스 사회에서는 사람이 원천적으로 부를 창출하고 극대화시킨다는 배경에서 비롯된 것이다. 따라서 시간이 갈수록 가치 있는 경제활동을 위해 막대한 돈을 들여 부동산을 구입하고 기계장치에 돈을 쏟아붓는 일은 줄어들게 될 것이다.

이제는 사람이 가장 중요한 부존자원으로 떠오르고 있다. 지식가치가 높아졌기 때문이다. 요즘 우리나라의 상품 원가를 따져보면 전통 제조산업들은 아직도 재료비가 70~80퍼센트에 달한다. 아직 물질적 요소가 차지하는 비중이 큰 것이다. 하지만 첨단화가 진행된 선진국은 50퍼센트 내외에 불과하다. 사람의 기여도 비중이 그만큼 늘어난 것이다. 선진국과 후진국을 가름할 때는 바로 사람의 가치가 물질의 가치보다 높은가 낮은가를 비교하면 된다.

물질의 가치는 점점 낮아지고 사람의 가치가 높아지는 사회를 대비해야 한다. 우리가 사람에게 기대를 거는 것은 저마다 고유한 다른 가치를 지녔다는 점 때문이다. 하지만 현실적으로 우리 국민은 그러한 개인의 차이와 가치를 얼마나 드러내면서 살고 있을까. 우리처럼 취직을 하여도 이곳저곳 구름처럼 우르르 몰려다니는 나라도 드물다. 옷을 사도 그렇고, 이사를 가도 특정 지역으로 몰리고, 주식을 사도 한 업종으로 몰리려 한다. 그래서 어떤 청춘들은 몇몇 좋다는 직업에만 매달리며 허송세월을 보내기도 한다. 우리네 사는 모습이 늘 이래왔다.

사람이 가치를 갖는 가장 근본적인 바탕은 다름 아닌 고유성이다. 그 고유성을 토대로 대인관계나 사회적 역할, 특정한 전문성 등이 보태져서 한 사람의 사회경제적 입장이 정립되는 것이다. 그러나 산업사회의 경험을 가장 최근까지 간직한 우리 사회는 아직도 사회적 표준이나 객관적인 평가 잣대 등이 인식 속에 크게 자리하고 있다.

기계와 사람의 결합을 전제로 운용된 산업사회에서는 사람들이 조직적, 과학적, 기계적 노동능력을 신장시키는 과정에서 특정한 역할이나 직열, 또는 기술과 기능에서 우열이 나타나는 현상이 불가피했다. 하지만 창조적인 삶의 방식을 요구받고 있는 오늘날에는 자기만의 독특한 장점과 남다른 점을 부각시키며 그 바탕 위에서 사회적 공감과 공감각을 유지하며 살아야 한다. 바로 그 남다른 점에 개인의 가치가 숨어 있다. 서로 다른 재능과 가치가 협력하고 조화를 이룰 때 비로소 공동의 가치와 삶을 만들어갈 수 있으며, 다가오는 미래도 제대로 대비할 수 있다.

우선 윤리와 질서를 중심으로 운용되는 사회적 가치는 항상 존중해야 하지만, 나의 삶을 살아내는 방법론에는 왕도가 있을 수 없다. 어느 부문에서 능동적인 나를 발견하는지, 어느 장면에서 의욕이 솟는 나를 느끼는지 전적으로 본인의 인식과 깨달음을 토대로 나를 다듬고 완성해가는 노력이 곧 창의적인 사회에서 구성원으로 살아가는 필살기다.

이런 사회는 아주 성과가 느리고 어느 경우는 기약도 없는 도전을 하기도 하지만, 내 안의 인간적 자본을 사용하는 1인 비즈니스는 인간자본을 재충전하는 마르지 않는 샘물 같은 것이다. 늘 나를 채우고 움직이고 웃게 하고 힘내게 하는 것은 내 안에 자리한 또 하나의 나 자신이기 때문이다.

# 일할 수 있는 능력을 유지하라

무엇을 받는다는 것은 참으로 기분 좋은 일이다. 사랑을 받거나 칭찬을 듣거나 상금을 받거나 인정을 받으면 기분이 좋고 보람도 느낀다. 하지만 오는 게 있으려면 가는 게 있어야 하는 법이다. 직장에서 인정받는 사람들은 자신의 일터를 사랑하고 맡은 임무에 헌신한다. 주변 사람들로부터 칭송과 존경을 받는 사람들은 모범적인 삶을 살았고, 먼저 그만큼 주변에 사랑을 주었기 때문이다.

투자도 이와 비슷하다. 큰 수익을 바라고 투자를 하는 사람이 적지 않지만 단시일에, 단번에 원하는 결과를 얻기란 쉬운 일이 아니다. 한 번의 투자로 소기의 목적을 달성하지 못해서 다시 기회를 엿봐야 할 때도 있고, 몇 번 실패의 쓴맛도 보아야 비로소 원하는 결과를 얻을 수 있다.

목돈도 마찬가지다. 적금이나 퇴직금, 연금도 꾸준히 불입해야 후일에 큰돈으로 찾을 수 있다. 이러한 빤한 세상 이치가 있음에도 적지 않은 사람들이 자신의 삶을 위해 필요한 근로나 저축이나 절약 등 최소한의 노력도 하지 않으려 하거나, 요행을 바라며 투기이익을 겨냥해 순간에 모든 것을 던지곤 한다.

주식투자만 하더라도 적어도 상당한 연도는 주식을 보유해야 가시적인 성과를 거둘 수 있다. 삼성전자의 대주주 일가도 선대로부터 물려받은 주식을 계속 보유하는 과정에서 엄청난 거부가 되었다. 주주라면 오랫동안 그 기업의 경영활동에 관심을 가지고 주식을 보유하는 것이 정석이다.

주식을 오전에 사서 오후에 팔거나, 주가나 거래량 움직임을 차트로 만들어 무슨 법칙이나 찾아내려는 사람들은 오늘도 방향 없는 삶을 살고 있다. 그들은 오로지 주가의 변동을 찾아 정처 없이 떠도는 사람들이다. 이론적으로 주가의 변동이 높다는 것은 위험이 그만큼 크다는 의미인데, 굳이 위험을 찾아 베팅하려고 한다. 그래도 변동의 차익을 얻기 어려우면 터무니없는 작당을 해서 테마주 운운하며 주가를 조작하는 소위 '작전'을 일삼고, 결국 법의 심판을 받기도 한다.

부동산 투자로 돈을 벌려고 하는 사람들 중에도 그런 사람들이 적지 않다. 가격이 싼 땅을 무리하게 사들여서 이를 분할해 전화마케팅으로 파는 사람도 있고, 도로도 없는 임야를 사서 천지개벽을 기다리는 사람들도 있다. 본인은 살지도 않을 집을 사서 입주도 안 하고 팔아버리는 사람들도 이런 부류다. 입주권 딱지를 사고파는 사람들은 말할 것도 없다.

자산의 값어치를 따지는 데는 세 가지 관점이 존재한다고 본다. 이 세 가지를 가격(price), 가치(value), 가산(family fortune)으로 구분한다.

주식을 예로 들어보자. '가격'을 따지는 사람은 시세차익(capital gain)을 중시하고, '가치'를 따지는 사람은 이익청구권(dividend)을 중시하며, '가산'을 중시하는 사람은 지분(hold)을 중시한다. 부동산 투자를 예로 들어보면 가격파 투자자들은 수요와 공급을 중시하고, 가치파 투자자들은 시간을 중시하며, 가산파 투자자들은 세금을 중시한다. 어떤 것에 중점을 둘 것이냐는 각자의 판단이고 선택이지만, 어디까지나 생활의 자급과 경제적 자립이 가능한 가운데 투자가 이루어져야 한다.

흔히 경기 흐름에 따라 투자자의 선택과 행동이 달라진다. 가격파 투자자는 경기가 활황일 때 많이 나타나고, 가치파 투자자는 경기회복기에 주로 나타나며, 가산파 투자자는 경기가 나쁠 때 주로 매수에 참여한다. 덕분에 가격파는 거품을 많이 안고 투자하고, 가치파는 시간과 주로 싸우며, 가산파는 세금제도에 민감하게 움직인다.

그런데 요즘 자산시장 여기저기서 변화가 감지되고 있다. 부동산의 주택을 예로 들어보자. 그동안의 주택 구매는 주로 매매차익을 중시하는 투자가 주를 이루었다면, 점점 임대수익을 중심으로 투자하는 경향이 늘고 있다. 즉 가격에서 가치로의 관점 전환이 이루어지고 있는 것이다. 세간에 전월세 파동이 나타나고 있는 것도 그 연장선상의 일이다.

그러나 이런 투자는 자기 돈을 장시간 묶어두어야 하는데, 그동안 이 자산에서 생활에 필요한 자산수익이 충분히 발생하지 않을 수도 있다. 저성장 저수익 시대에는 투자한 자산에서 성과를 거두려면 장시간 기다려야 하는데, 그러는 동안 일상생활이 가능하도록 직업이나 사업을 통해 자급해야 한다.

적은 수입으로 돈을 모으기 어려운 중산층이 자산을 증식해 경제적 자립도를 높이려면 이렇게 일상에서 생활수입을 자급해야 하는 세상이 되고 있는 것이다. 장차 어떤 경우든 나이가 들어서도 일상으로부터의 근로소득이나 사업소득이 필요한 이유가 여기에 있다.

# 나의 가치를
# 높이면 삶이
# 자유로워진다

최근 어느 연구에 의하면 현 20~30대는 평생 세 번 이상 직업을 바꾸게 될 것이고, 지금의 어린이들은 자라서 많게는 열 번 이상 직업을 바꿔야 할 것이라고 한다. 정말 이제는 직업의 생애주기를 미리 계획하고 대비해야 하는 세상을 맞이하고 있다.

본격적으로 장수시대를 맞이한 1세대인 지금의 시니어들도 인생 이모작을 준비해야 하는 만큼 예외일 수 없다. 한평생 한 가지 일에만 몰두하고 인생을 마감할 수 있다면 더할 나위 없이 좋겠지만, 점점 기술의 주기는 짧아지는 데 반해 수명은 늘어나는 것을 생각해보면 1생 1직업은 너무 무리한 욕심이다. 이제는 누구나 긴 생애를 통해 다양한 직업을 가지려고 노력해야 하며, 다직업 정신을 받아들여야 한다.

요즘 일하는 개인을 지칭하는 말들이 참으로 많다. 개중에는 '독립적인 개인 사업가' 혹은 '자유로운 상태의 전문가' 등으로 불리는 사람들이 있다. 이런 사람들은 사람이 곧 자본이기 때문에 인간적 신뢰가 누구보다 높아야 한다. 이들은 조직의 굴레를 벗어나서 자기 재능과 가치를 바탕으로 일하며 살아간다. 조직에서 일하는 사람들이 주로 상사와 조직에 수직적 충성을 바치는 것과는 달리, 고객 및 의뢰인과 수평적 관계를 유지하며 다양한 네트워크 위에서 공유가치와 사람의 도리를 지키며 산다.

미국에는 이러한 자유 직업인이 전체 노동자들의 25퍼센트에 달한다는 통계가 있다. 우리 사회도 이제 이런 변화를 불가피한 사회변화로 인식하고, 이 같은 독립 사업가나 자유 직업인이 더 많이 생겨나야 한다고 본다.

여전히 "어디 안정된 직장에 들어가서 먹고살 수는 없을까?" 하고 생각하는 사람들이 많을 것이다. 이런 사람들은 변화를 두려워하고 도전을 피하려고 한다. 금전 관리에 있어서도 위험을 지는 투자는 어떻게든 피하려고 하고, 어쩌다 투자를 해도 위험을 분산할 줄 몰라 낭패를 보기 일쑤다. 불황이 닥치면 정부가 어떻게든 일자리를 만들어주겠지 생각하고, 경기가 좋아지면 어떻게든 매출이 오르겠지 하며 하염없이 기다릴 뿐이다. 자기 일은 자기가 만들어 나갈 수 있어야 한다. 스스로 가치를 만들고 유지해 나가야 하는 것이다.

얼마 전 배뱅이굿으로 오랜 사랑을 받아오던 명창 이은관 선생이 타계했다. 생전에 100수를 눈앞에 두고 있으면서도 연주와 지도를 왕성히 펼치며, 돌아가시기 불과 몇 달 전에 필자가 진행하는 방송에 출연해 노익장을 과시하기도 했다. 미국에서는 1930년생인 워런 버핏이 왕성한 활동으로 조명을 받고 있다. 아흔이 가까운 세계적인 반도체 회사 인텔의 설립자 고든 무어는 50년 전에 제시한 '무어의 법칙'이 아직도 유효함을 자랑하며 건재함을 자랑한다. '무어의 법칙'이란 '메모리의 용량이나 CPU의 속도가 18개월마다 두 배씩 증가한다는 법칙'이다. 퀘스트커뮤니케이션을 소유한 필립 앤슈츠는 70년대에는 석유, 80년대에는 철도, 이후에는 광통신 등 세월에 따라 다른 사업에 도전하며 큰돈을 번 미다스의 손으로 유명하다. 메트로미디어사를 소유한 존 크루지는 제2차 세계대전 당시 정보장교 출신으로 동전 세탁기, 바이오테크, 광통신 등 다양한 분야에 투자해 성공을 거두었다.

이처럼 세월이 흘러도 승승장구하며 노익장을 과시했던 이들의 성공 비결은 생동감 있는 일상과 변화에 능동적으로 대처하는 자세에 있다. 이를 위해 이들은 부단히 지식과 정보, 친선교

류 그리고 돈의 흐름을 예측하는 눈을 키우고자 노력했다. 이에 반해 우리 사회는 아직 노년층이 생존하고 성공을 이어가기에는 취약한 사회 구조를 안고 있다.

미국의 경우는 TV 방송을 봐도 중장년 또는 노년층 방송진행자가 많다. 특히 전국 방송망일수록 더욱 그렇다. 하지만 우리의 방송은 어떤가. 일요일 낮에 하는 모 방송국의 노래자랑 프로그램을 제외하면 온통 젊은 진행자 위주다. 진정한 인생의 맛을 알 만한 우리 사회의 선배들이 나이를 뛰어넘어서까지 사회를 이끌어가는 모습이 별로 눈에 띄지 않아서 아쉽다. 어쩌면 선진국의 진정한 힘은 이러한 노익장의 활약에서 비롯되는 것이 아닐까?

하지만 위기는 또 기회라고 했다. 여전히 앞선 선배들의 경험과 노하우는 시대를 관통하며 미래의 나아갈 길에 중요하게 작용한다. 이처럼 인식이 바뀌면서 고참 시니어들을 재고용하는 회사도 늘고 있고, 다양한 사회사업도 벌어지고 있으며, 은퇴후 자기 사업을 시작해 활기차게 사는 사람들도 많아졌다.

시니어들은 자신의 경험을 거울로 삼아 세상의 흐름을 비추고 이에 대처해 나갈 수 있는 생활경제의 감각을 키워야 한다. 누가 뭐라고 해도 한순간 한순간 가족을 위하고 사회와 나라를 생각하며 땀 흘려 살아온 시간들은 지금 우리가 받을 정당한 몸값이 된다. 설령 당장은 여건이 순조롭지 못하고 새 일을 찾지 못하더라도, 가족들의 마음속에는 사랑과 감사의 연봉이 쌓이고 있음을 기억하며 용기를 키우는 자세가 필요하다. 그래야 남은 삶이 명예롭고 자유로워질 수 있다.

# 내 가치를
# 새롭게 창조하는
# 사유의 힘

갈수록 낮아지는 경제성장률과 좀처럼 잡기 어려운 고용의 기회, 그리고 점점 낮아지는 사회적 성공의 가능성으로 인해 많은 사람들이 삶의 의미를 찾기 어려워지고 있다. 돈 벌고 잘 입고 좋은 집에 사는 일들에 흥미를 잃어서가 아니다. 이제는 좀처럼 그런 일들이 벌어지지 않기 때문이다.

그런데 생각해보면 우리는 벌써 반세기 이상을 물질문명의 가치에 경도된 채 달려오기만 했다. 그러니 이제는 물질만 추구하는 것에서 나아가 자연과 인간, 지성과 영성에서 삶의 의미를 찾아도 되지 않을까? 누군가에게는 조금 빠르게, 누군가에게는 조금 느리게 올 뿐 새로운 삶의 과제가 서서히 다가오고 있다.

웬만한 일에는 좀처럼 실망하지 않는 담대함을 가져야 하고, 지루한 일상에서도 늘 깨어 있는 비범함도 갖추어야 하는 사회적 변화가 우리 곁으로 찾아들고 있다. 이런 상황에서 어떻게 삶의 갈피를 다잡고, 뜨거운 일상의 동기를 찾아낼 수 있을까?

이러한 삶으로 내딛는 첫걸음이야말로 진정 내가 내 안으로 들어가 나 자신과 대화를 나누는 일이 아니겠는가. 일상에서 사색하면서, 또 다른 나를 창조할 수 있는 사유(thought)의 길을 물어야 할 것이다.

그런데 세상에는 크게 리듬(rise)을 타려는 사람과 어둠(bottom)을 사려는 사람이 있다. 특히 돈 버는 일에서 이런 사례가 많이 보인다. 그렇다면 과연 누가 리듬을 타려고 하고, 누가 어둠에서 일을 벌이려 하는가?

주식투자를 예로 들어보자. 리듬을 좋아하고 리듬을 타려는 사람은 주로 단기 변동성 매매에 열중한다. 그들은 기업의 가치에는 크게 관심이 없다. 기업의 미래에는 더욱 관심이 없다. 그저 주식가격의 변동에 촉각을 곤두세울 뿐이다. 기술적 분석이라는 도구를 개발한 사람들이 주로 리듬을 타려는 사람들이고, 주식 매수 타이밍과 매도 타이밍에 관심이 있는 사람들도 이런 부류에 속한다.

이런 사람들은 다른 사람들의 행동에 관심이 많다. 특히 세력이나 큰손의 존재를 믿는다. 그래서 소위 주식의 수요와 공급에 대한 비밀을 알고 싶어 한다. 때로는 작전을 펼쳐 의도적으로 주가를 조작하기도 한다.

이런 사람들은 의심도 참 많다. 누군가 다른 의도를 가지고 자신을 방해하려고 한다는 의심을 참으로 많이 한다. 그래서 인생이 고단한 고민거리로 가득하다. 돈을 벌어도 기쁘지가 않다. 또 다른 리듬을 찾느라 고뇌 어린 얼굴을 하고 다닌다.

필자는 펀드매니저로 있었던 젊은 시절에 이런 부류의 사람을 종종 보았다. 공연한 걱정이 많은 투자자들은 주로 시장의 리듬 위에 올라앉으려는 사람들이었다. 그런 사람들은 주가가 좋아도 불안하고, 나쁘면 더 불안해한다. 그게 리듬투자의 속성이다. 올라가면 내려오고, 내려가면 올라가는 것이 리듬이기 때문이다.

한편 돈을 벌려고 하면서도 어둠을 찾아다니는 사람들이 있다. 새로운 세상을 기대하고 어두운 곳에서 먼 후일의 가능성을 찾는 사람들이다. 기업에 투자하는 사람들은 누구나 좋은 결과를 원한다. 하지만 진정한 투자의 시점을 찾는 사람들은 기업이 가장 어려운 시절을 쫓아 다음에 올 좋은 기회를 기다리는 것이 좋은 투자법이라고들 생각한다.

이들은 탄탄한 기업이라고 할지라도 기업경영에는 언제나 굴

곡이 있는 법이라 나쁜 상황에서 투자 기회를 노리고 기업가치가 회복되면 다시 매도의 기회를 찾는다. 경기순환을 활용해 불황을 사고 호황을 파는 사람들이 바로 어둠을 사고 밝음을 팔려는 사람들이다. 이런 투자자에게는 어떤 경우에도 긍정심리가 자본(power of positive)이라는 점을 염두에 둬야 한다.

나이를 먹을수록, 세상이란 내가 믿는 만큼 보이고 믿는 만큼 들린다는 것을 깨닫는다. 지구가 둥글다고 믿은 갈릴레오는 수평선 너머의 지구를 다 돌아본 것이 아니라 눈앞에 보이는 것을 토대로 그 엄청난 자연의 이치를 깨달았다.

새로운 아이디어나 기술로 창업을 하고 투자를 하는 사람들이 가장 먼저 부딪히는 위기가 바로 자신을 믿어주는 사람이 적거나 아예 없을 때다. 심지어는 가족도 믿어주지 않고 친한 친구조차도 그를 말리려 든다.

우리나라가 가난한 농업국가에서 산업국가로 변신을 시도할 때 세계적인 신발산업을 일구어 후일 국내 굴지의 대기업으로 성장시킨 국제그룹의 창업자 양정모 회장은 하루 중 대부분을 집무실에서 깊은 사색에 잠기곤 했다. 당시 보좌진이었던 필자의 주된 일과 중에 하나가 사색의 시간에 예고 없이 찾아오는 외부 인사들을 돌려보내는 일이었다.

SK그룹을 반석 위에 올려놓은 고 최종현 회장 역시 하루의 절반 가까이를 명상과 독서로 보냈다. 당시 회장이 읽을 책을 고르는 일은 보좌 팀의 가장 중요한 업무 중 하나였다. 한때 그 일을 담당하면서 참 많이 배우고 느꼈다.

한화그룹을 젊은 나이에 물려받아 한국을 대표하는 그룹으로 성장시킨 김승연 회장은 중요한 이슈가 생기면 전문가를 찾아가 생각이 정리될 때까지 깊이 있는 토론을 나누곤 했다. 필자도 그룹 싱크탱크에서 일할 때 일개 연구책임자 신분으로 자주 독대하여 특정한 주제로 깊은 대화를 나눈 기억이 지금도 생생하다.

무엇이 됐건 공연한 불안감에 휩싸이면 누구에게나 백약이 무효가 된다. 투자 격언에 '악재는 꼬리를 물고 온다'라는 말이 있다. 그런데 좀 더 객관적으로 보면 악재가 꼬리를 물고 왔다기보다는 마음이 불안하니 유독 악재만 눈에 띄는 경우가 더 많다.

돈을 벌기 위해 세상을 이기려는 사람이 있는가 하면, 세상에 순응해가려는 사람이 있다. 여기서 세상이란 다름 아닌 대중의 행동을 말한다. 대중을 이기려 드는 사람은 대중과 반대되는 심리를 가지려고 노력하는 사람이고, 대중과 행동을 같이하려는 사람은 분위기를 많이 의식하는 사람이다. 여기에서 역발상 (reverse idea)과 역행동(reverse decision)이 나온다.

SNS나 모바일 등으로 온갖 정보가 다 검색되는 세상이지만, 재무투자 시장에서 대중의 흐름을 거슬러 반대에서 행동하려면 그 이상의 깊은 성찰과 사색이 있어야 하고, 결국은 그 사색의 결과를 창조적인 행동으로 의연히 옮겨야 한다. 만일 누구에게나 일생을 두고 고수익의 기회가 한두 번쯤 찾아온다면 바로 이런 장고의 사색과 탐색이 가져다준 복합적인 행동의 조합들이 딱 맞아떨어질 때일 것이다. 복잡계(complex systems)나 비선형성(non-linearity), 결정론적 혼돈(deterministic chaos)이라는 생경한 단어가 이런 행동의 결과와 관계 있다.

여기저기에서 쏟아지는 많은 돈벌이 정보들은 그것이 이미 내 손에 들어올 때는 나만의 초과수익 프리미엄이 다 소진된 상태란 점을 잘 알아야 한다. SNS의 등장과 발전으로 사실상 모든 투자자들이 시장정보를 동시 공유한다. 그렇기에 주식투자에서 기술적 분석에 쓰는 차트분석으로는 더 이상 특별한 초과수익의 효용을 찾기가 어렵다. 또 부동산 투자의 경우에도 정책변수나 개발정보, 경매정보 등 공개된 정보를 정형화된 분석으로 접근해서는 특별한 초과수익을 지속적으로 내기 어렵다.

이제 점점 특별한 사업 성공이나 특출한 재무적 투자성과는 일반이 범접하기 어려운 신의 한 수(oracle)가 되고 있는 듯하다. 그렇다면 평범한 삶을 살아가야 하는 대부분의 현대인들은 이제 다시 가족, 건강, 일, 협동, 자연, 노력, 행운, 기적 그리고 기쁨, 감사 등 우리 조상들이 먼 역사 속에 남겨둔 자연 속 진실과, 살며 터득한 전통적인 삶의 기술과, 엄중한 노동의 가치에서 그 답을 찾아야 할 것이다.

# 2

반짝 벌지 말고
오래 벌어라

100세 시대의 행복은 다양한 요인이 모여 결정된다. 건강, 자녀, 일, 자산……. 어느 하나 소홀해도 되는 것이 없지만, 역시 가장 중요한 기반이 되는 것은 경제적 안정이다.

그동안에는 퇴직 후의 경제생활에 초점을 맞춰 '은퇴설계'를 말하다 보니 안정성 위주의 자산관리가 강조되었고, 위험을 수반한 투자활동은 상대적으로 외면받았다. 그러나 은퇴 후 여생이 부쩍 늘어나면서, 예전처럼 30년 동안 모든 재산으로는 은퇴 후 노후를 보내기가 어려워졌다. 이제는 젊은 시절 그저 허리띠를 졸라매고 열심히 벌어 모은 돈을 보수적으로 쓰며 남은 인생을 살아가던 시절은 끝났다.

100세 시대에는 더 긴 안목이 필요하다. 그래서 요즘은 은퇴설계가 아니라, 젊은 시절부터 노년까지 전 생애를 염두에 두고 인생을 계획하는 '생애설계'가 화두다.

2부에서는 당면한 100세 시대에 소중한 인생을 어떻게 잘살아갈 것인지, 생애설계의 재무전략에 포인트를 맞춰서 이야기해보고자 한다. 기존의 은퇴설계를 머릿속에 그리고 있는 사람이라면 여기서 제안할 적극적인 자산관리 활동들이 다소 혼란스럽게 느껴질지도 모른다. 그렇지만 분명한 것은, 새로운 시대에는 반드시 새로운 안목과 전략이 필요하다는 것이다.

생애설계의 핵심은 무엇일까? 한마디로 정리하자면 '반짝 버는 게 아니라 오래 버는 것'이다. 모아둔 돈을 다 소진해가며 자녀와 사회에 의존하는 것이 아니라, 평생 현역으로서 노년에도 품위와 자긍을 유지하며 살아가는 삶. 바로 '오래 버는 것'을 핵심에 두고 100세 부자의 자산관리 전략으로 함께 들어가보자.

# 은퇴설계를 넘어
# 생애설계로

평균수명이 늘어난 오늘날,

우리는 은퇴 후에도 10년에서,

길게는 40년 이상을 더 살아가야 한다.

이제는 스스로의 노후를

책임져야 하는 시대가 다가오고 있다.

# 은퇴 후
# 삶이
# 달라지고 있다

## 은퇴 후 우리의 초상

"15세에 학문에 뜻을 두고 30세에 인생을 세웠으며 40세가 되니 남의 말에 휘둘리지 않았고 50세에 이르러서는 하늘의 뜻을 알게 되었다. 60세가 되니 남의 말을 들으면 그 이치를 깨달아 곧바로 이해하게 되었고 70에는 마음 내키는 대로 행하여도 법도를 넘어서는 일이 없었다."

『논어(論語)』「위정편(爲政篇)」에 나오는 말이다. 이처럼 사람은 나이가 들수록 몸은 약해지지만 정신은 더욱 성숙해지고 삶의 지혜가 쌓여간다. 우리가 비록 공자와 같은 경지까지는 이르지 못하더라도 나이가 들수록 정신적으로 성숙해지는 것은 자연스러운 이치다. 나이 든 사람을 공경하는 문화도 정신적으로 성숙해온 세월에 대해 존경을 표하는 것이다. 그렇기에 아마도 그 시절 공자는 그가 이룬 사상적 업적뿐 아니라 나이 들었다는 사실만으로도 충분한 존경과 존중을 받았을 것이다.

그러나 평균수명이 늘어난 오늘날, 우리는 은퇴 후에도 짧게는 10년에서, 길게는 40년 이상을 더 살아가야 한다. 사회가 급속도로 고령화되어 젊은 층이 더 이상 노년층을 부양하기 어려워지면서, 나이 든 것만으로 공경받던 시대가 가고 이제는 스스로의 노후를 책임져야 하는 시대가 다가오고 있다.

실제로 통계청이 발표한 '2014 한국의 사회지표'에 따르면 우리나라 인구의 평균나이를 나타내는 중위연령은 40.2세로 나타났다. 25년 전인 1990년에는 중위연령이 27세였는데, 앞으로 2030년에는 48.5세, 2040년에는 52.6세로 급격히 높아질 것으로 예측된다. 2040년이 되면 전체 인구 중 65세 이상 노인 비율이 32.3퍼센트로 늘어날 전망이어서 우리 사회의 고령화 속도가 유례없이 빠르게 진행되고 있음을 알 수 있다.

우리 사회에 '100세 시대'라는 말이 널리 쓰이기 시작한 것은 그리 오래전 일이 아니다. 1996년 5월 유럽 데이나 뇌 연합회

의장인 데이비드 마호니가 러트가스대학교 졸업식에서 '100세인의 전략'이라는 제목으로 연설한 것을 계기로 100세 시대에 대한 연구와 관심이 커지게 되었다.

2013년 영국 옥스퍼드대학교 신경생물학과 콜린 블랙모어 교수는 의료기술의 발전으로 인류의 평균수명이 120세에 도달할 것으로 예측했는데, 그 시기도 상당히 앞당겨질 전망이다.

최근 노화에 대한 수많은 연구 발표 중 최대의 관심은 미국의 분자생물학자인 빌 앤드루스 박사의 연구에 집중되고 있는데, 그는 염색체 조작에 의한 노화치료제인 일명 '텔로미어'를 개발하고 있다. 텔로미어는 2016년 말경 시험생산에 들어가는데, 개발에 성공한다면 인간의 노화를 상당히 늦출 수 있어 인류의 평균수명 150세 시대를 앞당길 것이라는 전망이다.

그러나 이러한 고령화 장수시대의 전망을 무작정 달가워할 수만은 없다. 안정된 생활이 보장되지 않은 상황에서는 수명 연장이 경제적 고통의 연장일 수 있기 때문이다. 설령 경제적인 문제가 해결된다 하더라도 80세 이후의 삶은 각종 병마에 시달리거나 가족과 사회로부터 소외되기 쉽다. 자식들에게 의지하며 손자들의 재롱에 웃음 짓는 행복한 노년이 아니라, 스스로 대비하고 살아가야 하는 삶으로 바뀐 것이다.

따라서 어떤 식으로 노후자금을 준비할 것인지, 보람 있는 여가생활은 무엇인지, 또 건강관리는 어떻게 할 것인지 등 노후를 대비한 은퇴설계 논의가 본격화되고 있다.

이러한 논의가 활발해진 배경에는 우리 사회의 인구구조적인 측면도 한몫했다. 지난 2005년, 51~55세 남자 인구가 처음으로 100만 명을 넘어서면서 조기 은퇴자들이 쏟아져 나오기 시작했지만 그들을 수용할 사회적인 장치나 개인적인 준비는 전무하다시피 했다. 게다가 2008년 전 세계를 강타한 금융위기로 인해 조기 은퇴자들은 재취업이 거의 불가능했고, 이들이 선택의 여지없이 몰려든 자영업도 큰 타격을 받았다. 상황이 이렇다 보니 은퇴 후의 사회적 체감지수는 고통 수준을 넘어 두려움의 단계로까지 발전했다.

## 이제는 장기적 안목을 기를 때

그로부터 10년이 넘는 긴 세월이 흐르면서 이제는 우리 사회도 제법 적응한 것 같다. 노후를 대비한 금융상품도 많이 개발되었고 퇴직금 제도도 일시불 개념에서 연금형으로 바뀌고 있다. 이제는 노후대비 위주의 은퇴설계보다는 젊은 시절의 삶까지 포함하는 생애설계에 관심이 모이는 추세다. 논의의 범위도 경제문제에 국한되지 않고 가족관계, 사회활동, 여가생활까지 아우르고 있다. 즉 성인으로서 삶을 시작하는 시기부터 죽음에 이르기까지 평생을 어떻게 살아가고 무엇을 할 것인가라는 생애설계가 화두로 떠오른 것이다.

공자가 15세에 학문에 뜻을 두고 30세가 될 때까지 학업에 정진한 것은 스스로 살아갈 계획을 세우고 실천한 것이다. 19세에 관리로서 사회생활을 시작했지만 50세에 이르러 하늘의 뜻을 알게 될 때까지 노력을 멈추지 않은 것은 그의 계획이 인생 전체를 아우르는 장기계획이었음을 뜻한다. 그러므로 56세에 재상이 된 것은 우연이 아니라 인생 전체를 내다본 생애설계의 결실이었을 것이다. 그는 또한 거기에서 멈추지 않고 70세까지 인격의 완성을 위해 노력했고, 뜻을 이룬 뒤 73세가 되어서야 죽음을 맞았다.

물론 공자의 시대로부터 2500년이 지난 오늘날에는 생애설계의 내용도 크게 달라질 수밖에 없다. 우리는 공자보다 더 많은 시간을 살아야 하고, 더 많은 선택을 해야 하며, 시간과 자산을 관리하기 위해 더 많은 노력을 기울여야 한다. 자식 교육에도 신경 써야 하고 배우자와 화목한 관계를 유지하기 위해서도 노력해야 한다. 게다가 그 옛날에는 금융상품이라는 것이 없었겠지만 오늘날은 자산관리에도 공을 들여야 한다.

무엇보다 큰 차이는, 공자의 시대에는 생애설계가 남자만의 문제였겠으나 지금은 남녀 구분이 없다는 것이다. 이제는 부부 두 사람이 공동으로 생애설계를 해야 한다. 아내가 사회생활을 하는 경우 생애설계는 몇 배 더 복잡해진다. 두 사람의 자금 흐름을 예상해야 하고, 두 사람의 사회활동을 계획해야 하며, 저축도 투자도 두 사람의 의견이 일치해야 한다. 남자 혼자 하는 생애설계에서 다섯 가지를 계획한다면, 부부 공동의 생애설계는 열 가지 이상의 문제에 대해 해답을 찾아 나가는 과정이다.

생애설계는 단기간에 완료되는 일이 아니다. 한번 계획을 세웠더라도 상황에 따라 끊임없이 수정하고 점검해 나가야 한다. 처음의 계획을 계속 이어 나갈 수 있다면 좋겠지만, 인생이 어디 예측대로 되던가? 늘 움직이고 변화하는 것이 우리 삶이다.

한 가지 더 강조하고 싶은 것은, 생애설계가 계획에서 끝나면 아무런 의미가 없다는 점이다. 설계는 실천을 전제로 해야 한다. 실천하지 못하는 완벽한 계획보다는 부족하더라도 실천한 계획이 더 나은 법이다.

# 생애설계,
# '무엇'을 '어떻게' 할지부터
# 정하라

'은퇴설계'나 '노후준비'까지는 익숙한데 '생애설계'라고 하면 조금은 거창하게 들린다는 사람도 있다. 하지만 내용은 단순하다. 당장 은퇴를 코앞에 둔 시점에 가서 여생을 대비하는 것이 아니라, 조금 더 여력이 있는 청장년기부터 장기적인 안목을 갖추자는 것.

그 첫걸음은 설계 대상을 결정하는 것에서 시작된다. 그런데 생애설계를 할 때는 가족, 건강관리, 취미 등 여러 가지를 복합적으로 고려해야 하는데도 불구하고, 사실상 많은 사람들이 재산을 가장 먼저 떠올린다. 설계의 첫 번째 대상으로 자산관리를 꼽는 것은 지극히 자연스런 일이다. 우리는 하루라도 물질의 소비 없이 살 수 없는 존재이기도 하거니와 어느 정도는 보유자산의 규모로 인생의 성공 여부를 평가하기 때문이다.

문제는 생애설계가 대부분 이 단계에서 끝난다는 것이다. 조금 더 나아간다 해도 퇴직한 이후, 아니면 사업에서 손을 뗀 이후에 무엇을 하며 여생을 보낼 것인가 하는 계획에 그치는 경우가 많다. 은퇴설계라면 모를까 생애설계는 여기에서 멈추어서는 안 된다.

생애설계에는 가족이라는 주제를 꼭 포함시켜야 한다. 자녀를 올바르게 양육하고, 화목한 부부관계를 유지하며, 부모와 친밀한 삶을 사는 것, 즉 가족의 행복이 생애설계의 필수적인 요소다. 많은 사람들이 생애관리를 고민할 때 가족에 대해서는 생각 없이 건너뛰거나 수박 겉핥기 식으로 가볍게 다루는 경우가 많은데, 가족이야말로 생애설계에서 가장 중요하다.

특히 그동안에는 자녀에 대해 막연히 생각해왔다면, 이제는 개념들을 새롭게 재설정해야 하는 시기다. 2012년 보건사회연구원에 따르면, 우리나라 부모들은 자녀에 대한 경제적 지원 기간이 대학 졸업까지 49.6퍼센트, 결혼할 때까지 20.4퍼센트, 취업할 때까지 15.7퍼센트로 미국과 일본에 비해 월등히 길다. 결혼비용이나 대학등록금도 미국과 일본에서는 부모 지원이 거의 없이 자녀 스스로 해결하는 추세다.

명심해야 할 것은, 우리나라 부모들이 지금처럼 자녀 결혼 비용을 지원할 경우 현재 50~60대 648만 가구 중 59퍼센트인 381만 가구가 은퇴 빈곤층으로 전락할 가능성이 크다는 점이다. 따라서 자녀에 대한 경제적 지원 범위를 사전에 명확히 하고, 부모들의 노후생활 자금은 절대로 양보해서는 안 된다.

그러기 위해서는 자녀들 스스로 자립적인 경제생활을 하도록 일찌감치 금융교육을 해야 한다. 자신의 노후가 자녀에게 짐이 되지 않기 위해서라도, 이제 부모들 스스로 자녀에 대한 인식을 전환할 때다.

그다음 주제는 건강이다. 건강은 자산 못지않게 살아가는 데 중요한 요소이지만 대부분 몸이 아픈 뒤에야 건강관리의 중요성을 깨닫고, 젊은 시절에는 아예 잊고 사는 것이 보통이다.

세계보건기구인 WHO에서는 건강이란 단지 질병이 없는 상태를 의미하는 것이 아니라 신체적(Physical), 정신적(Mental), 사회적(Social), 영적(Spiritual) 건강이 조화를 이루는 것을 진정한 건강(Well-being)이라고 강조했다. 즉, 신체적 건강뿐 아니라 마음과 사회적 관계도 함께 돌보아야 한다. 『나는 몇 살까지 살까(The Longevity Project)』의 저자인 하워드 프리드먼도 80년간 1500명을 대상으로 장수에 대해 추적 연구한 결과를 바탕으로, 섭생과 운동뿐 아니라 사회적 유대감을 키우고 가족과 이웃과 친밀한 관계를 유지하는 일의 중요성을 강조한 바 있다.

마지막으로 여가생활과 취미다. 지식활동이 지적인 성취감과 인격을 완성하는 것이라면, 여가와 취미는 여유와 즐거움을 추구하는 활동이다. 잠깐의 휴식과 함께하는 커피 한잔이나 노래 한 곡이 피로를 덜어주고 일의 능률을 높여주듯이, 취미활동은 생산적인 활동을 이어가기 위해 꼭 필요하다. 특히나 시간과 싸워야 하는 노년에는 취미생활이 젊은 시절의 일만큼이나 중요하다.

그러나 아직까지 우리 사회에서 젊은 시절의 취미는 한가한 사치로 여겨지거나 시간낭비로 치부되는 것이 현실이다. 아니면 시간이 남을 때 영화를 보거나 등산을 하는 정도의 일회성 여가활동을 취미로 여기기도 한다. 그러나 진짜 취미는 악기를 연주하거나 그림을 그리는 것처럼, 시간과 노력이 필요한 일을 뜻한다. 특히나 100세 시대에는 시간이 흐를수록 성과가 쌓이고 성취감을 안겨주는 여가생활과 취미가 더욱 필요하다.

문화체육관광부에서 지난 2013년 우리나라 사람들의 의식 및 가치관을 조사하고 그 결과를 발표했는데, 삶에서 가장 중요하게 여기는 것이 건강, 가족, 경제적 풍요, 인간관계 순으로 나타났다. 어떤가? 경제적 풍요가 건강과 가족보다 후순위인 것에 동의하는가? 물론 인생에서 중요한 가치들을 따지자면 건강과 가족, 인간관계 등이 앞서는 것이 당연하지만, 경제적 풍요가 없다면 이 모든 것들을 안정적으로 지탱하고 추구하기 어려운 것도 현실이다. 그러므로 역시 생애설계의 첫 단계는 자산관리가 될 수밖에 없다. 경제적 풍요가 건강과 가족보다 덜 중요한 문제라 해도 말이다.

그러나 자산관리는 범위도 명확하지 않고 분명한 답도 없다. 개개인이 처한 경제적 여건이 다르므로, 평범한 소시민을 기준으로 공통의 관심사인 집, 저축, 투자의 세 가지에 관해 논의를 이어가기로 한다.

# 집은
## 여전히 좋은
## 투자 대상인가

　　　　　　자산관리의 첫 번째 주제는 단연 '집'이다. 집을 살 것인가 말 것인가, 산다면 언제 살 것인가, 집을 가지고 있다면 언제 팔 것인가 하는 문제다.

　사실 얼마 전까지만 해도 집을 살 것인지에 대한 고민은 없었다. 일본의 부동산 하락이 1990년부터 15년간이나 이어졌지만 2008년 미국의 금융위기가 전 세계를 강타하기 전까지 집을 산다는 것은 당연한 선택이었다.

　그러나 미국의 유수한 금융기관들이 과도한 주택담보대출로 맥없이 무너지고 깡통주택이 등장하면서 인식이 바뀌기 시작했

다. 특히나 우리나라는 일본과 25년 정도의 시차를 둔 인구구
조가 부각되면서 집값 하락이 상상이 아닌 현실로 다가오고 있
다. 정부가 잇따라 부동산 부양책을 들고 나오는 것만 보아도
그렇다.

지금은 주위에 집값 상승을 점치는 사람도 많지 않고, 그렇다
고 선뜻 자기 집을 팔려는 사람도 흔치 않다. 집값이 하락할 전
망이라면 집을 팔고 전세나 월세로 전환해야 마땅한데도 말이
다. 이럴 때일수록 냉정하고 정확한 진단과 전망이 필요하다.


## 인구감소는 주택가격에 어떤 영향을 미칠까

주택가격 전망을 논할 때 빠지지
않는 것이 인구구조다. 우리나라 인구는 출산율이 갑자기 올라
가지 않는 한 2030년부터 감소할 전망이며, 인구가 줄어드는 만
큼 주택가격도 하락할 것이다. 또한 인구감소와 더불어 급속한
노령화 현상도 향후 주택가격의 하락을 점치는 이유 중 하나다.
20년 앞서 우리와 비슷한 단계를 밟아온 일본의 사례를 보자.

일본에서 주택가격이 정점을 찍은 1990년 당시 연령대별 인
구분포를 보면, 40~45세가 최고치를 형성하고 있었다. 이후 젊
은 연령층으로 내려갈수록 인구수가 줄어들어 5세 미만에 이르

러서는 거의 절반 수준으로 떨어졌다. 이러한 구조는 현재의 우리와 아주 유사하다.

라이프사이클에서 주택 구입 수요가 가장 왕성한 시기를 40~45세 정도라고 가정한다면, 해당 연령대의 인구수가 감소하는 시점에서 주택가격 역시 정점을 치고 하락세로 돌아선 셈이다. 우리나라 역시 2015년 40~45세 인구가 연령대별 최고치를 기록하고 있어서 일본과 비교하면 25년 정도의 차이가 나고 있다.

이와 같은 인구분포가 나타나는 이유는 일본에서 제2차 세계대전이 끝난 뒤 신생아 출산이 급증한 반면, 우리나라에서는 경제개발이 본격화된 61년 이후가 되어서야 신생아 출산이 증가했기 때문으로 풀이된다. 따라서 단순히 일본의 예만 본다면 우리도 40~45세 인구가 정점에 이른 2015년부터 주택가격에 대한 하락 압력이 생긴다고 할 수 있다.

다만 가격이란 수요와 공급이라는 두 변수가 동시에 작용한 결과이므로 공급 측면을 동시에 고려해야 한다. 인구가 감소하여 주택 수요가 줄어들더라도 신규주택 공급이 더 크게 줄어들면 가격은 오히려 올라가게 되고, 그 반대도 마찬가지이기 때문이다. 이러한 수급상황을 여러 가지 지표를 통하여 파악할 수 있는데, 가장 대표적인 것이 주택 수와 가구 수의 비율인 주택보급률이다.

일본은 오랫동안 가구 수가 늘어났음에도 안정적인 주택보급률을 유지했다. 수요에 비해 너무 과하거나 부족하지 않도록 신규주택을 효율적으로 공급한 정책 덕분이다. 물론 공급과잉의 측면도 없는 것은 아니었지만, 전체적으로는 안정적인 주택보급률 수치를 유지해왔다. 그럼에도 1990년 이후 2005년까지 15년간 내리 하락한 셈이다.

## 한국의 부동산 가격을 전망하다

한국의 주택가격, 특히 수도권을 중심으로 한 아파트 가격은 향후 어떻게 될까? 일본처럼 40~45세 인구가 연령대별로 최고치를 형성했기 때문에 마찬가지로 장기 하락국면으로 접어들게 될까? 그러나 일본은 주택보급률이 100퍼센트를 훨씬 넘기고도 1990년까지는 주택가격이 꾸준히 상승했다. 이런 점을 고려하면 인구구조적인 측면만을 고려한 수급상황이 주택가격에 결정적인 요인은 아닌 것으로 보인다. 오히려 그보다는 경제상황이 더 결정적인 영향을 주었을 것으로 보인다.

경기가 호황일 때는 당연히 가계소득이 늘어나므로 내 집을 마련하려는 사람이 많아지고, 기존에 집을 가지고 있던 사람도 더 넓은 집으로 옮기려는 이전 수요가 증가하므로 자연히 주택 가격이 상승한다. 반대로 경기가 불황이면 소득이 감소하면서 신규주택 수요와 이전 수요 모두 줄어들기 때문에, 주택 공급이 크게 줄어들지 않는 한 가격은 하락하게 된다는 논리다. 실제로 1990년 이후 일본에서 주택가격 하락과 소니의 몰락으로 대표되는 경기부진이 동시에 진행된 것을 보면, 이런 분석이 과히 틀리지는 않아 보인다.

그러나 한국의 주택가격이 과거 일본의 비관적 시나리오를 그대로 따를 것이란 전망은 다소 설득력이 떨어진다. 이미 서울 지역에서도 주택보급률이 100퍼센트를 넘긴 데다 고령화가 진행되고 있어 집값이 오르기는 어렵겠지만, 일본처럼 폭락할 만큼의 폭발력이 있는 것 같지는 않다. 게다가 독신의 증가와 고령화로 1인 가구가 늘어났던 일본처럼, 우리도 총인구는 늘지 않지만 가구 수가 증가할 가능성이 높기 때문에 소형주택의 수요는 앞으로도 지속될 것이다. 따라서 인구구조만으로 주택가격 하락을 단정 짓기에는 무리가 있고, 경제전망에 초점을 두어 집값을 예측하는 편이 더 설득력 있다.

그렇다면 과연 한국경제의 운명은 어떨까? 하루가 다르게 변화하는 요즘 시대에 10년 뒤의 미래를 예측하기는 어렵지만, 글로벌 경쟁력이 약화하는 조짐을 보면 낙관할 수만은 없는 현실이다. 세계 1위를 자랑하던 휴대폰, 조선 산업의 입지를 중국이 막대한 물량공세로 흔들고 있으며, 일본도 과거의 실패를 거울삼아 재기를 도모하고 있다. 앞서가던 분야에서 기술적 차이가 좁혀지고 있을 뿐 아니라 엔저와 같은 정부 차원의 지원까지 가세하고 있다.

거시적으로 보면 더욱 불안하다. GDP 대비 수출 비중이 한국은 54퍼센트나 되는 반면 중국은 26퍼센트, 일본은 16퍼센트다. 수출경쟁력 약화는 곧 1990년대 일본이 겪었던 경기침체보다 더욱 심각한 결과를 초래할 수도 있다.

물론 이러한 예측은 어디까지나 최악의 상황을 가정한 것이다. 1990년대 초까지만 해도 삼성전자가 일본의 소니를 따라잡을 것이라고 누가 상상이나 했겠는가? 또 현대자동차가 10퍼센트에 가까운 세계시장 점유율을 기록할 것이라고 누가 예상했겠는가? 모두가 불가능이라 여긴 것을 이루어낸 저력이 우리에게는 있다. 위기가 닥치면 분명 새로운 탈출구를 찾아낼 것이다.

이상의 상황을 염두에 두고 한국의 주택시장 전망으로 돌아오면, 결론은 이렇다. 향후 주택가격은 상승세가 이어지기 어렵다. 상승과 하락 모두 추세적으로 가격변동 폭이 적거나 기간도 상대적으로 짧을 가능성이 높다.

# 저축과 투자,
# 균형을
# 이뤄라

　　　　　　　　저축과 투자는 서로 상반된 형태
의 자산관리 방식이다. 저축은 수익률이 가입 시점에 확정되고
원금이 보전된다는 이점이 있는 반면 인플레이션에 취약하다.
반면 투자는 매도 또는 매각 시점에 수익이 결정되지만, 원금
손실 가능성이 있어 리스크가 존재한다. 하지만 물가가 상승하
는 만큼 자산가격은 따라 올라가는 속성이 있으므로 유리하다.
　　의미도 다르다. 먼저 저축은 자본을 빌려주는 '자본 대여자'가
되는 것이고 투자는 '자산 소유자'가 되는 것이다. 저축을 하면
은행에 돈을 빌려준 차용의 대가로 이자를 받는데, 그 수익률이

가입 시점에 확정된다. 반면 투자는 자산에 대한 소유자가 되는 것이므로 매도 시점에 가서 수익이 확정된다.

자산관리 측면에서 저축과 투자를 어떻게 해야 유리할까? 먼저 저축은 원금이 보전되나 수익이 적으므로, 가급적 절세 상품인 비과세 상품이나 연말정산 시 소득공제가 되는 상품에 가입하는 것이 유리하다. 반면 투자는 고려해야 할 변수가 많으므로 투자원칙을 잘 세워야 한다. 이때 투자기간과 기대수익률을 어떻게 설정하느냐에 따라 성패가 좌우된다.

주식투자의 경우 적정 기대수익률은 연간 '물가상승률+금리'다. 즉 현재와 같은 저금리와 물가상승률(최근 10년간 2.68퍼센트)을 감안하면 연간 5퍼센트 미만이 된다. 그런데 문제는 단기 목표와 과다한 목표 수익률 때문에 무리한 투자를 한다는 것이다. 결국은 투자가 투기로 바뀌며 요행수만 바라는 악순환의 고리에서 헤어나지 못하게 된다.

## 흘러가는 시간도 재산이다

그렇다면 저축은 어떻게 해야 할까? 우선 저축의 의미는 지금 보유하고 있는 자금을 쓰지 않고 미래의 소비를 위해 남겨두는 것이다. 미래에도 쓸 일이 없는 여유자금을 굴려 더 높은 수익을 목표로 하는 것은 저축이 아닌 투자로 구분한다. 저축은 퇴직 후를 대비해 연금에 들거나 자녀의 교육비를 마련하기 위해 적금을 붓는 것 등이다.

저축이란 목표한 기간까지 꾸준히 돈을 모았을 때 비로소 완성되는 것이다. 그렇지 않으면 돈은 돈대로 모이지 않고, 저축성 상품을 만기 전에 해지하면 이중의 손해를 보게 된다. 그래서 저축은 계획이 아니라 인내의 과정이다.

그럼에도 저축에서 구체적인 계획을 강조하는 것은 목표 금액을 설정해둠으로써 행동의 지속성을 최대한 강제하기 위해서다. 구체적인 금액을 목표로 잡고, 적립할 때마다 통장에 찍히는 숫자를 보면서 당장 돈을 쓰고 싶은 유혹을 이겨내는 눈물겨운 과정이 바로 저축이다.

생애설계에서 저축을 계획할 때는 집과 마찬가지로 따져봐야 할 것들이 있다. 지금 저축할 것인가 아니면 소비할 것인가, 한다면 언제 얼마를 할 것인가? 이를 결정하려면 먼저 생애 전반의 예상소득과 예상소비를 추정해봐야 한다. 무조건 현재의 소비를 줄이고 저축을 늘리는 것이 최선이라 생각하기 쉽지만 그렇지 않다. 인생에서는 어느 특정 시점에만 할 수 있는 일들이 있기 때문이다. 노는 것이든 공부든 다른 어떤 일이든, 인생의 특정 순간에만 할 수 있거나 잘할 수 있는 것들이 있다. 그런 일을 하기 위해서라면 저축 대신 지출을 하는 것이 현명하다.

흘러가는 시간도 일종의 재산이다. 따라서 저축을 설계할 때 생애 전반에 걸쳐 소비를 적절히 배분해야 한다. 미래에 필요한 자금을 적절히 추정하는 것을 전제로 해야만 효율적인 저축이 가능하다. 미래에 쓸 자금보다도 많이 저축한다는 건 현재라는 다시 돌아오지 않는 시간을 낭비하는 셈이기 때문이다.

## 저축설계, 정확한 예측이 중요하다

생애설계 차원에서 저축을 설계하는 첫 단계는 미래의 필요자금을 추정해보는 것이다. 지금부터 남아 있는 생애까지 연도별로 눈금을 그어놓고 가장 기본적인 생활비부터 계산한다. 그다음 자녀의 학자금이나 주택 구입 같은 가장 큰 항목을 포함시킨다. 마지막으로 취미나 지식을 높이기 위한 활동(예를 들면 해외여행이나 여가생활 등)에 들어갈 자금을 추정한다. 다음으로는 미래의 소득을 추정한다. 고정적인 월급부터 자산소득까지, 가능한 모든 소득을 포함해 연도별로 구분해 놓으면 생애 전체를 아우르는 자금의 흐름을 파악할 수 있다.

이 단계를 마치면 어느 시점에 얼마의 저축이 가능할지 대략 가늠할 수 있다. 사회생활을 막 시작한 젊은이라면 초기에 저축할 여력이 많을 것이고 씀씀이가 커진 중년에 이르면 저축 여력이 줄어들며, 은퇴한 노년이 되면 소득보다 소비가 많은 마이너스 저축이 나타날 것이다. 그러나 생애 전 과정을 통틀어 소득보다 소비가 많은 뜻밖의 경우도 적지 않게 발생할 수 있다. 이럴 때는 어떻게 할 것인가? 소득을 늘리는 것은 어려우므로 소요자금을 줄이는 수밖에 없다.

아마 많은 사람들이 이 단계에서는 다음과 같은 생각을 할 것이다. '살다 보면 어떤 일이 닥칠지 모르는데 어떻게 계산을 하겠어? 그냥 최대한 안 쓰고 많이 저축하는 것이 제일이겠지.' 언뜻 보면 맞는 말이다. 실제로 살면서 이런 계산을 해보지 않는 사람들이 대부분이다. 해본다고 한들 생애 전반이 아니라 겨우 몇 년 앞을 내다보는 정도일 것이다. 그러나 이런 사람들이 간과하는 몇 가지가 있다.

첫째, 인생이 길기는 하지만 동시에 유한하다는 사실이다. 마냥 길게 보이는 인생이지만 젊음이 늘 함께하는 것은 아니다. 미래를 정확히 예측할 수 없더라도 인생 전체를 보아야 한다. 30대에 해야 할 일과 40대에 해야 할 일을 생각하고 그에 필요한 돈을 예상해야 한다.

둘째, 숫자가 주는 추진력이다. 숫자로 표시된 구체적 목표와 '가능한 한 많이'라고 설정한 목표 중에 어느 쪽의 달성률이 더 높을까? 구체적으로 표시된 숫자가 절대적으로 더 높은 성과를 보인다. 특히 목표를 달성하는 데 걸리는 시간이 길면 길수록 이런 경향은 더욱 뚜렷이 나타난다.

　한 가지 주의할 점은 부부가 함께 참여해야 한다는 것이다. 요즘은 맞벌이 부부가 많기도 하거니와 남편 혼자 경제활동을 하더라도 자녀의 교육비나 생활비를 추정하는 데는 아내의 역할이 절대적으로 필요하다. 대체로 아내가 자녀의 교육을 책임지고 있을 뿐 아니라 교육비가 생활비에서 차지하는 비중이 상당하기 때문이다. 아울러 이런 과정을 통해 전업주부들도 자연스럽게 생애설계를 할 수 있다. 여자에게도 이런 활동을 계획하고 필요한 자금을 추정할 권리가 있으며 그것이 곧 부부관계가 원만해지는 지름길임을 기억하자.


## 초저금리 시대의 저축은 달라야 한다

　　　　　　　미래의 소요자금과 소득을 연도별로 추정하였다면 시기별로 필요한 저축 규모가 결정되었을 것이다. 다음은 저축을 어떻게 할 것인가를 결정하는 마지막 단계다. 은행의 저축성 예금에서부터 펀드, 보험, 연금에 이르기까지 다양한 금융상품이 있는데, 선택하기가 결코 간단하지 않다. 수익률도 천차만별이고 만기나 중도에 해지할 경우 수수료도 상품별로 차이가 크기 때문이다.

그러나 생애관리에서 저축을 논할 때는 가장 중요한 것이 안정성이다. 높은 수익률보다는 확정수익률 상품이 좋고, 중도해지에 대비하여 해지수수료가 적은 상품을 우선적으로 선택해야 한다. 앞서 말했듯이 저축의 목적은 미래를 위해 오늘 소비하지 않고 남겨두는 것이지, 수익을 창출하는 것이 아니다. 이런 목적이라면 아마도 정기예금과 정기적금이 가장 적합한 상품이라고 할 수 있겠다.

누가 요즘 이런 저금리 상품에 가입하겠는가 생각하기 쉽지만 통계를 보면 그렇지가 않다. 한국은행 통계에 따르면 2013년 말 기준으로 가계의 저축성 예금잔고는 459조 원을 넘는다. 재미있는 현상은 계속 증가하던 잔고가 2002년 말 276조를 기록한 이후 5년간 증가세가 멈춰 2007년 말에는 262조로 오히려 감소했다는 점이다. 아마도 이 시기에 주식시장이 활기를 띤 것과 관련이 있는 것 같다. 그러나 2008년부터는 다시 증가하기 시작하여 5년 사이 197조 원이나 늘어나 아직도 많은 사람들이 은행의 저축성 예금을 선호하고 있음을 보여준다.

다만 최근 기준금리가 1.5퍼센트라는 우리나라 역사상 가장 초저금리인 점을 감안하면, 그동안 저위험 저수익 상품의 대명사인 저축성 예금의 선호 현상에서 점차 중위험 중수익 상품인 금융투자상품으로의 변화가 예상된다. 은행에 돈을 맡길수록 손해라는 인식이 확산되면서 종합자산관리계좌(CMA)와 주가연계증권(ELS) 등에 시중자금이 몰리고 있으며, 생애설계 차원에서는 개인연금과 주택연금이 크게 증가하는 추세를 보이고 있다.

일단 초저금리로 인한 변화를 과거의 사례에서 살펴보자. 일본에서는 1990년대 본격적인 저금리 정책으로 은행에 예치된 돈이 투자상품, 특히 채권에 몰리는 현상이 일어났다. 그리고 엔화의 대출금리가 낮은 것을 이용해 해외자산과 금융투자상품을 사들이는 소위 '엔캐리 트레이드(Yen Carry Trade)' 현상이 크게 두드러졌다.

당시 일본의 잃어버린 20년 동안 와타나베 부인만 살아남았다는 말이 있다. 이 말은 저금리와 엔화 강세를 바탕으로 해외의 고금리 자산에 투자하는 일본의 주부 외환투자자들을 지칭하는 것으로, 국제금융가에서 일본의 외환투자자들을 일컫는 용어다. 이들은 실제로 뉴질랜드 등 고금리 국가의 금융상품에 집중적으로 투자하여 고수익을 거두었는데, 한때 도쿄 외환시장의 30퍼센트 이상을 차지하기도 했다. 저금리 상태가 오랜 기간 지속되면 돈의 흐름이 크게 바뀐다는 사실을 여실히 보여준 사례다.

저금리 시대에 원금을 두 배로 늘리는 데는 얼마나 걸릴까? 아인슈타인의 '72법칙'으로 계산해볼 수 있다. 이 공식에 따르면, 72를 이율로 나누면 원금이 두 배가 되는 데 걸리는 연수가 나온다. 만약 금리가 3퍼센트라고 가정한다면, 1억 원을 2억 원으로 만드는 데 72의 3분의 1인 24년이 걸린다. 금리가 지금과 같이 1.5퍼센트라면 1억 원을 2억 원으로 만드는 데에는 48년이 걸리는 셈이다.

생애설계 차원에서 자산관리를 생각한다면, 이미 '저축에서 투자로' 바뀐 시대적 환경에 적응해야 한다. 이러한 상황에서 노후의 생활비를 대비한 저축이라면 예금보다는 당연히 연금이 우선이다. 국민연금에서부터 공무원연금, 군인연금과 같은 직능별 연금은 논외로 치더라도 퇴직연금, 개인연금 등이 은퇴 후 생활비를 위한 저축으로는 최선이다.


## 현명한 투자는 무엇인가

자산관리의 마지막 주제인 투자는 저축과 분리해서 생각할 수 없지만, 여기에서는 저축하고 남은 자금을 굴리는 것으로 한정한다. 그래야만 어떻게 여유자금을 굴릴 것인가 하는 비교적 단순한 문제로 접근할 수 있기 때문이다. 주식에 투자할 것인가, 아니면 펀드를 매입할 것인가, 아니면 부동산이나 파생결합증권에 돈을 묻을 것인가와 같은 결정으로 말이다.

현명한 투자란 무엇일까? 상당히 까다로운 문제다. 저축은 원금에 이자라도 붙지만 투자는 원금이 줄어드는 경우가 종종 있기 때문이다. 차라리 그 돈으로 자동차를 샀더라면, 여행이라도 다녀왔더라면 하는 후회가 구름처럼 밀려들 것이다. 그렇다고 두려움 때문에 돈을 벌 기회를 포기하고 저축만 하는 것은 지금과 같은 초저금리 상태에서는 바람직하지 않다. 재테크 시대인 오늘날에는 대박을 좇는 투자는 아니더라도 어느 정도 위험을 감수하고 수익을 올리려는 노력이 필요하다.

여기서 중요한 시대적 관점 변화를 논하지 않을 수 없다. 집은 인간이 삶을 영위하는 데 필요한 기본적 재화이기에 다양하게 접근할 수 있지만, 저축과 투자의 개념은 시대가 바뀌고 정책적 환경이 변화하면서 점차 진화하고 있다.

재미있는 일화가 있어서 소개한다. 동양과 서양의 할머니가 인생을 마감하는 순간에 동양의 할머니는 "이제 돈을 다 모았다. 이제 집을 사면 돼" 하면서 돌아가셨고, 서양의 할머니는 "이제 살던 집에 대한 돈을 다 갚았다"라고 말하고는 눈을 감았다고 한다.

금융 관점에서 논하자면, 신용창출과 자산, 부채, 자본으로 동서양 문화의 차이를 대변할 수 있다. 자산은 자본에 부채를 더한 항목으로, 동양에서는 '자산=자본'이라는 개념이 오랜 시간 문화를 지배해왔고, 서양에서는 일찌감치 '자산=부채+자본'이라는 생각이 자리 잡아왔다. 차이점을 굳이 설명하자면,

'신용'이라는 개념에 있다고 말할 수 있다. 서양의 할머니는 본인 소유의 집에서 집 걱정 없이 평생 살았을 것이고, 동양의 할머니는 평생 아끼고 절약하면서 맘 편히 살 수 있는 집을 마련하고자 돈을 모았을 것이다. 물론 오늘날에는 신용창출의 개념이 널리 확산되면서 금융과 관련한 지식이 점차 일반적인 상식으로 보편화되고 있다.

큰 흐름에서 저축과 투자의 차이점을 생각해본다면, 저축은 상대적으로 단순한 미래를 위한 자산 축적행위이고 투자는 보다 다차원적이며 입체적인 다양한 구조를 만들어가는 행위다. 저축은 '자산＝자본'이라는 개념으로, 투자는 '자산＝부채+자본'으로 이해하는 것이 바람직할 것이다. 이러한 관점에서 본다면 투자에서 가장 중요한 기본 요소는 수익을 높이는 것보다 위험을 얼마나 효과적으로 줄이느냐가 더 중요하다고 하겠다.

# 안정된 노후를
# 약속하는
# 연금 전략

올해 초 금융권의 은퇴설계 전문가들이 은퇴 후 노후대책으로 모두가 연금상품을 추천한 바 있다. 생애설계에서 연금 전략이 그만큼 중요해진 것이다. 연금(Pension)의 역사는 독일 재상 비스마르크가 1889년 세계 최초로 노령연금 제도를 도입한 것이 시초다. 당시 "나이 들어 일을 못하게 된 사람은 국가의 보호를 받아야 한다"는 주장을 독일 정부가 수용한 것이다. 그러나 여기에는 사회주의 혁명을 막고 노동자를 포섭하여 자본주의 체제를 공고히 하려는 정치적 의도가 있었다. 생산직 근로자들을 연금에 강제 가입시켜 퇴직 후

70세부터 연금을 받을 수 있도록 했는데, 당시 독일 북부 프러시아의 평균수명은 45세에 불과했다.

영국에서는 34대 총리 데이비드 로이드 조지 백작이 영국의 회에서 70세가 넘는 빈곤층에게 5실링을 지급하는 법안을 제안했는데, 그 당시 50살이 넘도록 장수하는 빈곤층은 거의 없었다. 그러나 이후 영국은 1941년 일명 「베버리지 보고서」를 기초로 세계 최초의 보편적 복지국가를 확립한다. '요람에서 무덤까지'라는 유명한 용어가 등장한 것도 이때다. 그 당시 영국은 국민보험의 기본 원리로 전 국민을 대상으로 모든 위험에 대해 포괄적으로 적용하며 최저생계비 이상의 급여수준을 보장할 것 등을 제시한다.

미국은 1935년에 연금제도를 시행하는데 65세를 은퇴 수혜 연령으로 제정한 것이 최초로 노인의 연령 기준이 되었다. 당시 미국의 평균수명은 62세였다. 우리나라에서는 1973년에 공적연금 제도를 마련하고 1988년에 국민연금을 출범하면서 본격적인 연금 시대를 열었다.

100세 시대를 60＋40의 의미로 이해하자. 60세에 은퇴한 뒤 40년을 살아가야 하는 오늘날, 매달 일정액을 고정적으로 받는 연금만큼 든든한 것은 없을 것이다. 그러면 개인적으로 연금을 어떻게 구성하는 것이 좋을까? 은퇴 후 노후 걱정에서 벗어나기 위해서는 3층 연금이 필요하다. 국민연금 등 공적연금을 기본 1층으로 하고, 2층은 퇴직연금, 3층은 개인연금 등으로 구성하는 것이다. 지금까지는 이렇게 3층 연금을 잘 활용하면 노후의 기초생활비를 마련하는 데 무리가 없었다. 그러나 이제 생애설계 전문가들은 4층에 주택연금, 5층에 즉시(일시납)연금을 확대해야 더욱 안정된 생활을 보장할 수 있다고 권한다. 노후준비가 덜 된 예비 은퇴자라면 주택연금과 즉시연금으로 공백을 메꾸는 전략이 유용하다.

앞으로 안정된 노후생활을 위해 연금 3+2전략을 염두에 두고 개인별 자산 상태와 성향에 따라 적절한 연금 포트폴리오를 구성하는 것이 생애설계에서 매우 중요하다.

## 국민연금은 최소한의 안전망이다

1988년 시작된 국민연금은 국가가 보험의 원리를 도입하여 만든 사회보험의 일종이다. 가입자, 사용자 및 국가로부터 일정액의 보험료를 받고 노령으로 인한 근로소득 상실을 보전하기 위한 노령연금, 주 소득자의 사망에 따른 소득 상실을 보전하기 위한 유족연금, 질병 또는 사고로 인한 장기근로능력 상실에 따른 소득 상실을 보전하기 위한 장애연금 형태로 지급된다. 1988년 시행 당시에는 10인 이상 사업장을 중심으로 추진되었으나 1992년에 5인 이상 사업장으로 확대하였으며, 1995년에는 농어촌지역으로, 1999년에는 도시 지역으로 범위가 넓어졌다. 2006년에는 사업장 적용 범위를 근로자 1인 이상으로 확대함으로써 전 국민을 대상으로 한 연금제도가 완성되었고, 소득이 있는 개인은 반드시 가입해야 한다.

이 제도는 은퇴설계에 대한 인식이 부족하고 노후준비가 미흡한 사람들에게 큰 보탬이 된다. 그러나 연금금액이 넉넉하지 않으므로 다른 연금을 추가로 활용해야 하는 과제가 있다.

국민연금 제도의 기본 성격은 노령·장애·사망 시 상실된 소득을 보장해주는 순수 소득보장제도로, 개인 가입자의 소득 및 보험료에 기초한 급여를 제공한다. 그래서 저소득층일수록 연금의 소득대체율이 상대적으로 커지고 고소득층일수록 적어진다.

국민연금 공표통계에 따르면 국민연금 수급자들의 월평균 연금액은 32만 5130원으로 최저생계비인 61만 7281원의 절반 수준이고, 국민연금을 20년 이상 가입한 경우 월평균 87만 1870원의 연금을 받는다. 이러한 현상은 국민연금 도입 초기 홍보를 위해 5~9년만 가입해도 혜택을 준 특례가입자들의 연금액이 상대적으로 낮기 때문이다.

향후 국민연금의 적립금 규모는 2020년에 847조 원, 2043년에 2561조 원에 이를 것으로 추정되고 있다. 그러나 최근 국민연금연구원의 통계에 따르면 인구가 감소함에 따라 2059년부터는 기금이 잠식될 우려가 있다. 이에 따라 국가적으로 또 개인적으로 노후대책이 한층 중요해지고 있다.

---

**국민연금 계산법**

국민연금은 기본연금과 피부양자가 있을 경우 더해지는 부양가족연금으로 구성된다. 기본연금액은 매년 물가상승률에 따라 상향 조정된다. 현재 국민연금의 기본연금액은 40년 가입 평균소득자 기준 생애 평균소득액의 40퍼센트 수준이다. 기본연금액 계산식은 $1.2(A+B)(1+0.05n)$이며 1.2는 급여수준 40퍼센트를 결정하는 계수이고, A는 최근 3년간 전 가입자 월평균 소득액, B는 수급 직전까지 가입자 개인의 평균 월소득액, n은 20년 초과 가입연수다.

---

## 퇴직연금, 유형별 가치를 파악하라

1961년 정부는 1년 이상 동일 사업장에서 근로한 근로자가 퇴직할 경우, 1년당 1개월치 급여를 지급하는 퇴직금 제도를 마련했다. 이어 2005년에는 일시금 형태의 퇴직금 제도에 퇴직연금을 추가한 '퇴직금 급여보장법'을 도입했다. 퇴직연금 제도는 2011년부터 1인 이상 근로자를 고용하는 전 사업장으로 확대되었다.

국민연금이 기초생활보장을 위하여 법으로 강제하는 제도인 반면 퇴직연금은 노사합의에 따라 이루어진다. 즉 근로자가 퇴직금의 안정성을 보장하기 위하여 기존의 퇴직금을 재직기간 동안 외부의 금융기관에 적립하였다가 퇴직 시 연금 또는 일시금으로 수령하는 것이다.

퇴직연금 제도는 확정급여형(DB형, Defined Benefit), 확정기여형(DC형, Defined Contribution), 개인퇴직연금(IRP, Individual Retirement Pension)으로 구분된다.

확정급여형(DB)은 근로자가 받을 퇴직급여가 확정되어 있다는 점에서 퇴직금 제도와 유사하다. 예를 들어 월평균 임금이 100만 원이고 근속연수가 30년인 근로자가 받는 확정급여형의 퇴직금은 '100만 원×30년'이므로 3000만 원이다. 이와 같이 확정급여형은 자신이 받을 퇴직금이 얼마나 되는지 예측이 가능하므로 은퇴설계를 할 때 용이하고, 적립금 운용이나 관리를 회사에서 하기 때문에 근로자가 신경 쓰지 않아도 된다. 그러나 회사가 망할 경우, 퇴직금의 60퍼센트는 사외에 적립되므로 보장되지만 40퍼센트는 받지 못할 수도 있다. 또한 중도인출이 불가능하고 물가가 오른 만큼 임금이 오르지 않으면 퇴직연금의 가치는 그만큼 떨어진다.

이러한 특징 때문에 확정급여형은 도산할 위험이 적고 임금 인상률이 높은 회사에 다니는 근로자, 이직률이 낮은 근로자, 나이가 많고 금융지식이 부족해 적립금을 운영하기에 어려운 근로자에게 적당하다.

확정기여형(DC)은 기업이 연간 임금총액의 1/12 이상을 1년에 한 번 이상 근로자의 개인 계좌에 넣어주면 근로자 본인이 직접 운용하는 제도로, 퇴직금이 개인 계좌에서 관리된다. 회사별로 적립 비율에 차이가 있지만 회사에서 퇴직금에 대해 100퍼센트 적립하고 있다면 회사가 파산하더라도 돈을 떼일 염려가 없으며, 운용실적에 따라 퇴직금이 달라지므로 운용 결과가 좋으면 예상보다 많은 퇴직금을 적립할 수 있다. 또한 현재 다니는 직장을 그만두고 확정기여형 퇴직연금제도를 운용하는 회사로 이직할 경우 이전이 가능하기 때문에 퇴직연금을 장기적으로 유지할 수 있다. 다만 근로자가 적립금 운용에 대한 모든 책임을 져야 하는 만큼 신경 쓸 일이 많고 운용 결과가 저조할 경우 손실을 입을 가능성도 있다.

따라서 확정기여형은 적립금을 운용하고 관리해줄 금융기관을 잘 선택해야 하지만, 대부분 회사에서 일괄적으로 선정하여 개인에게 통보하는 형태로 운영되는 것이 현실이다. 확정기여형은 연봉제나 성과급 제도를 선택하여 임금 인상률이 낮을 것으로 예상되는 회사에 다니는 근로자, 이직이 잦은 근로자, 젊고 금융지식에 능통하여 적립금을 안정적으로 운용할 수 있는 근로자에게 적합하다.

개인퇴직연금(IRP)은 한마디로 자기 이름으로 된 퇴직연금이다. 자금운용을 어려워하는 소비자들을 대신해 금융사가 운용해주는 퇴직연금 계좌라고 보면 된다. 퇴직연금제도를 시행하는 회사에 근무할 경우, 회사나 회사와 계약한 금융회사에서 퇴직금을 관리하기 때문에 근로자가 개별적으로 계좌를 만들어 관리할 필요가 없다. 하지만 퇴직이나 이직, 또는 퇴직금 중간 정산을 하게 되면 회사가 근로자에게 퇴직금을 정산해서 지급하는데, 이를 근로자가 직접 관리할 수 있도록 만든 금융상품이 개인퇴직연금이다. 예를 들면 회사를 옮길 경우 기존에 다니던 회사에서 퇴직금을 일시금으로 받아 예금통장에 넣거나 CMA와 같은 금융상품에 넣어둘 수 있겠지만, 이렇게 되면 자칫 다른 목적으로 돈을 쓸 수 있으므로, 노후자금으로 사용할 수 있도록 퇴직금만 따로 떼어놓고 은퇴 전까지 지속적으로 관리하게끔 설계된 것이 개인퇴직연금 상품이다.


## 개인연금, 놓치기 아까운 세제혜택

1994년에 도입된 개인연금은 개인이 임의로 가입하는 사적 연금이다. 노령화가 진전되면서 노후소득 보장확충 제도의 필요성과 공적연금의 미비점을 보완하고 장기저축에 대한 국민의 관심을 높이는 동시에 금융권의 장기수신 기반을 확충하고자 도입한 제도다. 퇴직연금이 준강제적인 것이라면 개인연금은 순수하게 개인의 선택이며, 국민연금과 퇴직연금 외에 연금 형태로 은퇴 후의 자금을 만들도록 마련된 제도다. 기본적으로 5년 이상 납입하고 55세 이후 10년 이상 수령해야만 세제혜택을 받는다.

개인연금은 금융기관별로 다양한 형태로 출시되어 있다. 은행은 연금신탁, 증권은 연금펀드, 보험은 연금저축보험으로 불린다. 연금신탁이나 연금펀드는 실적배당이기 때문에 수익률이 변동할 수 있으나 연금저축보험은 공시이율로 확정되며 연금수령기간을 종신으로 할 수 있다는 점이 다르다.

세제혜택은 적립 시에는 퇴직연금 300만 원과 별도로 연간 400만 원 한도 내에서 연간적립금의 13.2퍼센트(지방소득세 포함) 세액공제를 받을 수 있다. 단 중도에 해지하면 환급금을 기타소득으로 보아 22퍼센트의 세금을 내야 한다.

연금 수령 시에는 연령대에 따라 세금이 달라지는데 70세 미만은 5.5퍼센트, 80세 미만은 4.4퍼센트, 80세 이상은 3.3퍼센트로 고령일수록 줄어든다. 그러나 연금 합계가 연간 1200만 원을 초과하면 종합소득세가 부과된다.

한편 세제혜택을 받을 수는 없지만 연금 형태인 상품들로 연금보험과 변액연금이 있다. 적립형은 물론이고 일시 납입도 가능하다. 두 상품 모두 세액공제를 받지 못하는 대신 10년 이상 유지하면 금융소득에 대한 세금이 면제된다. 연금보험은 공시

이율을 적용하여 안정적인 수익을 보장하지만, 변액연금은 높은 수익을 목표로 공격적인 운용을 하는 상품이다. 적립형 상품은 여유자금이 있을 때 추가 납입이 가능하고 여의치 않으면 납입을 일시 중지할 수 있다.

소득공제가 가능한 연금신탁, 연금보험, 연금펀드는 가입자의 투자성향에 따라 선택할 수 있다. 연금신탁과 연금보험은 원금보장 성격이 강한 대신 수익률이 다소 떨어지지만, 연금펀드는 투자성격이 강해 원금손실의 우려가 있는 반면 장기투자이기 때문에 적립식 펀드처럼 높은 수익률을 기대할 수 있다.


## 주택연금은 마지막 보루다

우리나라 베이비부머들의 자산구조를 살펴보면 부동산의 비율이 두드러지는데, 현재 사는 집을 제외하면 가용한 현금자산은 부족한 편이다. 그래서 국민연금, 퇴직연금, 개인연금만으로 충분한 생활이 되지 않을 경우 주택연금을 고려할 수 있다. 주택연금은 주택을 담보로 매달 연금을 수령하고 나중에 주택을 처분하여 상환하는 상품이다. 이 상품의 가입요건은 9억 원 이하의 주택으로, 부부 중 한 사람만 60세 이상이어야 하고, 주택 한 채만을 소유하며 실제 거주하고 있어야 한다.

주택연금은 주택을 담보로 노후생활에 필요한 자금을 매달 일정 금액으로 받는 연금이므로 평생 거주지와 평생 생활비를 부부가 함께 보장받을 수 있다. 다시 말해 주택연금은 노후생활비를 위한 최적의 해결책이라기보다는 은퇴 후 준비한 연금액이 부족한 사람이 연금 혜택을 받기 위한 마지막 보루라는 점이 특징이다.

2015년 2월 기준 70세인 가입자가 담보가치 3억 원의 일반주택을 종신지급방식 정액형으로 가입한 경우, 매달 98만 6000원을 주택연금으로 수령하는 것으로 나타났다.

## 즉시(일시납)연금, 준비 없는 노후를 위한 선택

민간 금융회사들이 제공하는 즉시연금보험은 다른 연금보험상품처럼 10년, 20년 동안 납부 및 거치를 하지 않아도 되고, 가입 후 즉시 연금을 받을 수 있으며 개인의 노후생활 보장은 물론, 자녀에게 자산을 상속할 때도 절세효과가 있다.

즉시연금보험은 크게 종신형과 상속형으로 나뉘는데 종류에 따라 연금 수령액이 달라진다. 종신지급형 연금보험은 사망할 때까지 매달 연금을 지급받는 형태이며, 가입자가 일찍 사망해도 연금을 지급하는 보증기간이 있다. 만약 연금을 받다가 이 기간 중에 사망하면 가족들이 보증기간 만료 시까지의 미지급 연금을 받을 수 있다. 또한 종신지급형 연금보험은 이자소득세의 부담이 없으며, 연간 금융소득이 4000만 원이 넘으면 종합과세 대상이지만 매달 받는 연금은 여기서 제외된다.

상속형 연금은 10년이나 20년 등 기간을 정한 후 한꺼번에 낸 보험료의 이자로 연금을 받는 형태로, 기간이 끝날 때까지 생존하면 원금을 만기보험금 형태로 돌려받을 수 있다. 만약 계약기간 중간에 가입자가 사망하면 자녀들에게 원금을 상속할 수 있다. 이자에 대해서는 이자소득세가 면제되며 상속 시에는 현행 금융재산 상속공제 제도에 따라 2억 원에 대한 세금을 내지 않아도 된다.

# 생애설계, **연령대별로**
# **다른 전략**이 필요하다

# 30대,
# 여명과 희망의
# 시기

나이 들어 인생을 회고해보면 어느 시절이 가장 행복했다고 느낄까? 사람마다 다르겠지만 대부분 30대일 것이다. 학업을 마치고 첫발을 내딛는 사회 적응기, 결혼해서 첫아이가 태어난 시기······. 이런 행복한 순간이 대체로 30대에 몰려 있는 까닭이다. 또 30대는 인생에서 자신감과 희망이 가장 충만한 시기이기도 하다.

30대에는 계획도 많고 할 일도 많다. 집도 마련해야 하고 저축도 해야 하고 아이 양육도 시작된다. 부모님께서 자식 키운 보람을 느끼시도록 효도도 해야 하고 부부간의 화목을 위해 여행도 가야 한다. 건강에 특별히 신경을 쓸 필요도 없고 하루이틀 밤새워 일하는 것쯤은 문제가 안 된다. 세상의 모든 것이 결국은 다 내 손에 들어올 것 같은 자신감도 넘친다.

생애설계도 바로 이 시기, 30대부터 시작된다. 저축과 투자로 자산관리가 시작되고 자녀 계획도 세워야 한다. 일을 하는 한편, 학창시절에 못해본 취미활동도 본격적으로 시작하게 된다. 직장에서도 말단을 벗어나 능력을 발휘할 수 있는 중간위치로 올라서는 중요한 시기다. 이 시기에는 자기계발에 대한 투자가 무엇보다 중요하다. 우물쭈물 시간과 정열을 낭비해서는 안 된다.

자산관리는 돈을 모으는 데 중점을 두어야 한다. 부모로부터 유산을 물려받았다면 모를까, 대부분은 투자로 굴릴 목돈이 없기 때문이다. 1차 목표인 내 집 마련도 해야 한다. 주택청약종합통장, 장기주택마련저축 등에 가입하고 돈을 한 푼이라도 더 모아야만 하는 것이다.

30대는 최소 월수입의 50퍼센트 이상을 저축하고 남은 돈으로 생활한다고 생각하면 된다. 노후를 대비한 개인연금이나 자녀 교육비를 위한 저축과 보험도 함께 시작하면 좋다. 우선 저축액을 늘려 목돈 마련에 집중해야 한다. 이때 아내가 중심이 되어 자산관리를 하는 것도 좋다. 남자보다 여자가 대체로 알뜰한 면이 있는 데다 남자가 주도적으로 자산을 관리하면 저축을 하기보다는 무리한 투자로 종잣돈 마련의 시기를 앞당기려는 유혹을 느끼기 쉽다. 특히 저축이 몇 년간 쌓여서 어느 정도 목돈이 되는 시기에는 더욱 이런 일이 발생할 가능성이 높다. 맞벌이 부부의 경우, 공동으로 저축하다 보면 돈이 쌓여가는 속도가 더 빠르게 느껴지기 때문에 동기부여가 훨씬 강하다.

가급적 안전자산의 비중을 높이되 변동성이 큰 투자에서 고수익을 추구하는 적극적인 투자마인드도 중요하다. 요즘처럼 초저금리 시대에 안전자산만 고집하는 것은 자산관리 측면에서 결코 바람직하지 않다. 평소 소액이라도 금융투자상품 중 주식투자나 펀드투자를 시작하는 것이 좋다. 경험을 쌓아야 나중에 목돈이 생겼을 때 효과적으로 투자할 수 있기 때문이다.

30대에게는 주식형 적립식 펀드를 추천한다. 이 상품은 매달 일정 금액을 불입하는 고위험 고수익 상품으로, 주식 비중이 60퍼센트 이상이며 중장기로 투자할 수 있다. 위험자산인 주식은 적립식으로 꾸준히 장기투자해야 변동성을 줄이면서 고수익을 얻을 수 있다.

금융시장의 글로벌화가 더욱 가속화되는 추세이므로 해외 주식이나 펀드에도 관심을 기울여야 한다. 보다 안정적인 목돈 마련이 우선이라면 중위험 중수익 상품인 혼합형 적립식 펀드를 고려할 만하다.

# 40대,
# 화려한
# 도약기

　　40대가 되면 대체로 10여 년간의 사회경험을 통해 쌓은 지식으로 직장에서는 중추적인 역할을 하게 되고 자기 사업이라면 본궤도에 오른 상태일 것이다. 그러나 한편으로는 조직 내에 서서히 탈락자가 생기고 위를 향한 경쟁이 벅차기도 하다. 화려한 윗자리가 보이지만 쓸쓸한 퇴장도 눈에 아른거린다.

　　근로소득 기준으로 볼 때 40대는 인생의 라이프사이클에서 수입이 가장 많은 시기다. 그동안 저축으로 만든 종잣돈으로 투자할 여력도 생기면서 본격적인 재산 형성이 가능하다. 그야말로 인생 최고의 재테크 시기인 셈이다.

이 시기에는 주택 구입과 자녀 교육비가 가장 큰 지출 항목이다. 단순히 가족들이 편히 쉴 수 있는 거주지의 개념으로 집을 구입한다면 간단하지만, 투자가치를 고려하면 상당히 복잡해진다. 이때 대출을 수반하여 집을 사게 되면 향후 재무상태에 큰 영향을 미칠 수 있으므로 신중한 의사결정이 필요하다.

40대에는 자녀 교육비가 평균 20~30퍼센트에 이를 정도로 높다. 입시교육과 사교육비 지출이 높은 한국의 특성상 당연한 결과이지만, 자녀의 성적이 교육비와 비례하는 것은 아니기 때문에 냉정하게 판단할 필요도 있다. 주변을 보면 자녀 교육에 모든 것을 쏟아붓는 경우가 종종 있는데 결코 바람직하지 않다.

여기에서 꼭 강조하고 싶은 것은 자녀에 대한 자립교육과 금융교육이다. 자녀가 어떤 상황에서도 혼자 힘으로 잘 적응하고 대처할 수 있는 능력을 키워주어야 한다. 또한 금융교육은 자본주의 국가에서 살아가기 위해 반드시 필요한 지식이므로 필수교육이 되어야 한다.

실제로 미국에서는 자녀의 돌이나 생일 같은 기념일에 주권이나 펀드 증서를 선물하는 가정이 많고, 자녀가 클수록 자기 주식에 대한 애착과 관심을 갖도록 유도한다. 또 중학교 때부터는 각종 투자클럽에서 활동하며 금융투자의 세계를 자연스럽게 경험하게 한다. 우리나라도 가정에서 이처럼 금융생활을 가르

친다면 자녀가 자연스럽게 금융활동의 주체로 성장해 나갈 수 있을 것이다.

한편, 40대에 노후를 겨냥한 연금이 없다면 무조건 가입하는 것이 좋다. 아울러 가족들의 실손보험이나 보장성보험으로 질병이나 사망 같은 불행에 안전장치를 마련하는 것도 필요하다.

마지막으로, 공격적인 투자를 시도해볼 수 있다. 물론 냉철한 판단력과 합리적인 투자원칙이 전제되어야 한다. 30대부터 투자를 준비했다면 자신 있는 분야가 있을 것이다. 주식이건 부동산이건 펀드건 취향대로 하면 된다. 그러나 자신감이 충만하다고 대출로 레버리지 효과를 노리는 것은 가급적 피해야 한다.

투자에 성공하기 위해서는 훌륭한 조언가나 능력 있는 상담자가 필요하다. 신뢰성과 전문성이 겸비된 금융사 직원을 잘 만나는 게 성공적인 투자의 중요한 요소이기도 하다. 워런 버핏도 27년간 골드만삭스에서 근무한 바이런 트롯이라는 직원의 조언에 따라 투자했다가 크게 성공했다는 유명한 일화가 있다.

그렇다면 40대에는 실제로 어떤 투자를 해야 할까? 40대에는 목돈 마련, 자녀 교육, 은퇴 준비라는 세 가지 큰 이슈가 있다. 이와 관련해서 다음과 같은 설계를 계획해볼 것을 권한다.

첫째는 목돈 마련을 위한 혼합형 적립식 펀드다. 이것은 주식과 채권 등이 혼합된 중위험 중수익 투자상품으로, 주식형 적립식 펀드보다 안정적이다. 더 적극적인 투자를 원한다면 30대에게 추천한 주식형 적립식 펀드를 참고하자.

둘째, 자녀 교육자금 마련을 목표로 한다면 변액유니버셜 보험을 추천한다. 이 상품은 장기간 주식에 투자가 가능하고 필요할 때는 중도 인출도 할 수 있으며 다양한 자녀 연계교육 프로그램 서비스도 제공받을 수 있다.

셋째, 은퇴 준비 관련 상품으로는 연금펀드, 연금신탁, 연금저축보험 상품을 추천한다. 이 상품들은 연간 400만 원 한도 내에서 소득공제가 되며 사전 약정에 따라 노후에 연금으로도 받을 수 있다. 게다가 10년 만기 유지 시 비과세 혜택도 받을 수 있어 장기투자상품으로 적당하다.

# 50대,
# 생애전환기를
# 맞이하여

50대가 되면 대체로 어느 시점에
선가 마무리를 생각해야 하는 시기에 다다른다. 이때는 직장에
서 더 고위직으로 올라갈 수 있는지 여부가 어느 정도 윤곽이
잡힌다. 그러나 2014년 통계청의 경제활동인구조사에서 국내
근로자들의 평균 퇴직연령이 52.6세로 나타났듯이, 대다수가
50대에 접어들면 은퇴 이후를 생각해야 한다.

이 시기에 자녀들은 대부분 아직 학생이거나 사회 초년생이
기 때문에 부모로서 책임감은 여전하다. 특히나 자녀의 결혼자
금에는 목돈이 들어가기 때문에 큰 부담이 된다. 앞장에서 살펴

본 대로 지금처럼 자녀 결혼비용을 부모가 상당 부분 부담할 경우, 약 59퍼센트의 가구가 은퇴 빈곤층으로 전락할 위험이 크다는 사실을 인식할 필요가 있다.

여기에서 우리가 주목해야 할 통계가 있다. 2014년 통계청의 가계금융조사 자료에 따르면 전국 베이비부머 세대의 가구당 보유자산은 총자산 4억 3000만 원에서 부채는 8000만 원으로, 순자산은 3억 5000만 원이고 이 중 거주용 부동산 3억 2000만 원을 제외하면 실제 가용 순 금융자산은 3000만 원에 불과하다. 이러한 상황에서 자녀에 대해 과다한 교육비와 결혼비용을 무한 부담해야 하는지, 아니면 부모로서 최소한의 도리를 다하는 것에 그칠지 현명하게 선택해야 하는 시기가 바로 50대 중후반이다.

실제로 2012년 한국결혼문화연구소가 발표한 자료에 의하면 우리나라에서 자녀 결혼비용 평균인 2억 800만 원 중 부모가 60.5퍼센트를 부담하는 것으로 나타났을 만큼, 자녀의 결혼이 재정적인 부담으로 이어지고 있는 것이 현실이다.

이 시기에는 벌어놓은 재산으로 새로운 시도를 하자니 두렵고, 아무것도 않는다고 생각하면 그도 답답하다. 무엇인가를 시작할 수 있는 마지막 기회라는 생각에 더욱 초조해진다.

그래서 이 시기의 가장 어려운 문제는 창업이다. 100세 시대를 살아가기 위해서는 일을 해야 한다는 중압감이 크고, 은퇴

후의 생활자금이 충분하지 않다는 현실적 필요성도 작용한다.

2012년 말 기준 통계에 따르면, 국내 자영업 창업자 중 50대 이상 중장년층의 비중은 50퍼센트를 넘는다. 50대가 30.5퍼센트, 60대 이상은 24퍼센트나 된다. 베이비부머 세대의 은퇴가 본격화되면서 창업 수요가 확대되고, 경기침체로 인해 재취업이 어려워지자 손쉬운 생계형 창업으로 진입하기 때문이다.

그러나 새로운 분야에서의 창업은 실패 확률이 높다. 그렇다고 전문적인 지식이 필요 없는 프랜차이즈 점포나 카페 같은 업종에 뛰어들기도 쉽지 않기는 마찬가지다. 경쟁도 치열하지만 고정비 투자가 만만치 않기 때문이다.

은퇴자들이 손쉽게 창업하는 음식점의 경우를 살펴보자. 2013년 「국세통계연보」에 따르면 전국에 음식점 수가 60만 개에 이르며 창업자 10명 중 9명은 3~5년 사이에 폐업한다고 한다. 영업 중인 음식점도 월평균 순익 216만 원으로 본인의 인건비 정도여서 초기 고정비 투자가 많을 경우 오래 버티기 어렵다. 결과적으로 창업에 실패한 은퇴자들이 은퇴 빈곤층으로 전락할 가능성이 매우 높다.

그렇다고 모든 창업이 실패하는 것은 결코 아니다. 여러 가지 사항을 잘 점검하고 충분히 준비하여 은퇴 후 창업을 통해 인생 2막을 성공하는 사례도 많다. 창업 컨설턴트들이 창업을 준비하는 사람들에게 사전에 당부하는 몇 가지 조언이 있다.

첫째, 우선 위험이 낮은 사업을 선정하는 것이 중요하다. 큰 돈을 벌기보다는 적은 돈이라도 꾸준히 확실하게 벌 수 있는 사업을 선택하라는 것이다. 이 시기에 시작한 사업이 실패한다면 현실적으로 재기하기가 어렵기 때문이다. 둘째, 철수비용이 적은 사업을 선택하라. 만약 사업을 정리할 경우 매각이 쉬울수록 그나마 손실 폭을 줄일 수 있다. 셋째, 가급적 동업은 피하는 것이 좋다. 이미 나이가 50대에 들어서면 자기 주관이 뚜렷하고 현역에서도 관리자의 위치에 있던 경우가 많기 때문에 두 사람의 협업은 생각처럼 쉽지 않다.

50대는 생애설계에서 자산관리의 중요성이 가장 큰 시기다. 이때 성공적인 자산관리를 해야만 안정적인 노후가 보장되고 가족 모두의 행복도 지킬 수 있다. 따라서 50대에는 노후생활 자금 마련과 은퇴 후 현금 흐름 창출에 중점을 둔 상품을 중심으로 구성하는 것이 좋다. 투자수익을 월 단위로 수령하는 월지급식 펀드를 추천할 만하며, 또 목돈을 일시에 예치하고 매달 연금을 수령하는 즉시연금상품도 바람직하다.

또한 부동산과 금융상품의 비중을 점차 50 : 50으로 맞추는 구조조정도 필요하다. 무엇보다 안전자산의 비중을 높이고 위험자산의 비중은 점차 줄여 나가는 것이 기본이다. 부채를 통해 취득한 자산이 있다면 가급적 매각하여 부채를 줄여야 한다.

자산의 유동성을 높이는 일 또한 중요하다. 부동산이나 만기가 긴 상품에 투자하기보다는 단기상품의 비중을 높여 운용한다. 특히 노후를 대비하여 현재의 자산을 처분하고 연금형 상품으로 갈아타는 것도 고려해볼 만하다. 실제로 보유자산의 상당부분을 연금화하여 매달 일정 금액의 현금을 고정적으로 확보하는 은퇴자들이 늘어나고 있다.

# 60~75세(신중년),
# 인생 2막을
# 열다

언제부터인가 '신중년'이라는 용
어가 언론에 자주 등장한다. 60~75세의 연령을 신중년(新中年)이
라 이르고 일부에서는 '액티브 시니어'라고도 한다. 옛날 같으면
뒷방 노인 취급을 받았겠지만 지금은 삶의 질이 높아지면서 육
체적·정신적으로 과거 50대에 비교할 만큼 건강하다. 최근 대
한노인회에서 노인의 연령을 현 65세에서 70세로 올려야 한다
는 제안을 발표한 사실이 있다. 이제는 노년의 개념이 신중년·
신장년·신노년으로 점차 세분화될 가능성이 커지고 정부의 노
인 정책도 더욱 세분화될 전망이다.

오늘날의 60대는 과거와는 확연히 다르다. 충분한 수명을 누렸다고 생각했던 과거와는 달리 지금은 죽기에 아까운 나이가 되어버렸다. 그만큼 더 많은 시간이 남아 있다는 것이다. 그럼에도 마냥 행복하지만은 않은 것은 노후자금 부담과 남아도는 시간, 질병과의 동거가 기다리는 탓이다. 그래서 오늘의 60대는 불안하다.

이 시기에는 건강이 매우 중요한 요소가 된다. 2012년 국민건강보험공단에서 발표한 자료에 의하면 80세 이전에 7대 중대질병에 걸릴 확률은 78.1퍼센트이며 전체 진료비 중 65세 이상 진료비 비중이 34.4퍼센트라고 한다. 또 생애주기별 의료비 비율은 65~84세가 남녀 평균 42.4퍼센트에 달해 경제적인 측면에서도 건강이 얼마나 중요한지 알 수 있다. 40~64세 연령대는 평균 26.9퍼센트, 85세 이상은 10.5퍼센트다(2013년 한국보건산업진흥원 자료). 이 시기에는 특별한 경우가 아니면 재산을 크게 늘리기를 기대하기 어렵다. 재산을 늘리는 노력보다는 모아둔 재산을 지키고 정도에 맞추어 살아가는 노력이 중요하다.

즉 젊었을 때는 자산을 끊임없이 공급한다는 FLOW 개념에서, 이제는 그동안 모아온 자산을 비축하고 저장한다는 STOCK 개념이 더 중요한 시기다. 따라서 60대 이후의 자산관리는 위험자산을 줄여 안전자산으로 바꾸고, 부채를 청산하여 이자 부담을 없애는 것이 기본 원칙이고 방향이다.

어느 정도 노후대책을 마련해두었고 금융투자에 대한 경험과 지식이 있다면 소액의 주식투자를 조심스럽게 권해본다. 금융선진국인 미국과 유럽, 일본에서는 주식투자를 하는 노인 인구가 꾸준히 증가하고 있다. 이들의 투자 형태는 대체로 소액의 현금성 투자이고, 소규모 투자클럽 등에서 참여가 활발하게 이루어진다.

이들의 투자목적은 기대수익률 자체가 크지 않은 게 특징이며, 대부분 주식투자의 기본에 충실하면서 어느 정도 수익도 올리고 있다. 이들의 또 하나의 특징은 투자클럽을 통해 회원 상호간 친밀한 관계가 형성되고 또 다양한 매체를 섭렵함으로써 삶의 활력을 찾는다는 점이다.

실제 필자의 경험으로 미루어 보아도 투자의 세계는 결코 나이가 문제가 아니다. 국내 100대 기업의 어느 회장님은 70대 후반의 나이에 젊은 사람도 어려워하는 파생상품인 옵션투자에 오래전부터 재미를 붙이고 있다. 오히려 현재의 신중년 세대들은 육체적, 정신적으로 왕성하게 활동할 수 있는, 완숙미를 갖춘 인생의 황금기라고도 볼 수 있다. 실제 사회적으로도 정치 지도자나 기업의 최고경영층 중에 60대가 많다는 사실이 이를 방증한다.

# 76~85세(신장년),
# 잘 지키는 것도
# 기술이다

70을 넘긴다는 것은 인생에서 큰 불행 없이 살았고 건강이 뒷받침되었음을 의미한다. 자식을 낳고 손자를 보는 시간을 지나면서 사람에게 부여된 자연의 선물을 다 누린 것이다.

이 시기는 모든 면에 감사하며 현실을 지켜 나가는 자세로 살아야 한다. 자산관리는 안전이 절대 우선이며 위험자산의 보유나 수익성을 쫓는 투자는 삼가는 것이 좋다. 육체적으로나 정신적으로 건강하다 해도 스트레스를 견뎌내는 힘이 현저히 약해졌음을 잊지 말아야 한다. 워런 버핏이나 조지 소로스 같은 투자의 대가들이 이 나이에도 현직에 있기는 하지만 그들은 웬만한 실패에 끄떡없을 만큼 막대한 자산가라는 점에서 우리와 비교할 수 없다.

70대의 자산관리는 증식에서 처분으로 방향이 옮겨가게 된다. 부부가 여생을 보낼 생활비를 제외하고 남은 재산이 있다면 자녀들에게 나누어줄 방법을 구체적으로 검토해야 한다. 분배비율이나 시점, 세금 문제 등을 잘 따져 가족 간의 갈등이 불거지지 않도록 해야 한다. 재산 분배를 최후까지 미루는 것은 여러 가지 부작용이 있을 수 있으므로 신중히 생각해야 한다. 그렇다 하더라도 미리 유언을 작성하여 공증을 받아두는 것이 좋다.

재산을 일시에 상속하는 방식이 아닌 신탁형 상속도 고려해볼 만하다. 아직 우리나라에서는 생소한 방식이지만 2012년 7월, 신탁법에 유언대용신탁과 수익자연속신탁 관련 조항이 신설되어 가능성이 열렸다. 물려준 재산이 사후에 장기적으로 쓰이기를 원한다면 수익자연속신탁을 선택할 수 있다.

재산 처분과정에서 재투자를 해야 할 경우에는 유동성을 최우선으로 하는 것이 좋다. 예를 들어 부동산을 처분하였다면 부동산에 재투자하기보다는 금융자산으로 옮기는 것이다. 부동산의 경우 처분 시 세금이 발생하고 분할이 어려워 상속하는 과정에 불편함과 비용부담이 수반되기 때문이다.

재산이 집 한 채인 경우라면 주택연금을 고려해볼 수 있다.

부부 모두가 사망하면 주택을 처분해서 정산하는데 연금수령액 등이 집값을 초과해도 상속인에게 청구하지 않으며, 반대인 경우는 남은 금액이 상속인에게 돌아간다. 아울러 의료비를 준비해놓는 것도 필요하다. 70대에는 갑작스럽게 건강이 악화되는 경우가 많기 때문이다. 실손보험을 들지 않은 경우라면 더욱 그렇다.

70대의 자산관리에서 또 하나 중요한 점은 자산을 분산관리하기보다는 가급적 집중해서 관리하는 것이다. 즉 여러 군데의 금융기관을 이용하지 말고 한곳에 집중하여 계좌 수를 줄이는 방법이다. 이렇게 하면 관리도 쉬울 뿐 아니라 깊이 있는 컨설팅을 받을 수 있어 편리하다.

2012년 통계청의 가계금융복지조사에 따르면 75세 이후 한 달 적정 노후 생활비는 배우자가 있을 경우 144만 원이고 배우자가 없는 경우는 89만 원이라고 한다. 생활비의 40퍼센트 이상이 의료비 지출이라는 점을 감안하면 건강하게 사는 것이 얼마나 중요한지 알 수 있다.

# 86~100세(신노년), 아름다운 엔딩을 위하여

　　　　　　　　　80대면 대부분 인생의 마지막 단계에 접어들었다고 할 것이다. 100세 시대라고는 하지만 통계에서도 80세의 기대여명이 남자의 경우 8년, 여자의 경우 10.26년으로 나타난다. 이 시기가 되면 육체적·정신적으로 쇠약해지고 질병의 고통이 커지면서 삶에 대한 의지 또한 점차 사라진다. 따라서 80대에 접어들면 인생의 마무리를 생각해야 한다.

　이 시기에 가장 중요한 일은 재산을 정리하는 것이다. 물려줄 재산이 남아 있으면 상속이나 기부에 대한 세부사항을 유언으로 작성하고 공증을 받아둔다. 이 과정에서 가족들과의 원만한 합의가 매우 중요하므로 본인의 의지만을 고집하지 않아야 한다. 편안한 인생의 마지막을 위해서도 그렇고 자연의 순리는 살아 있는 자가 우선이기 때문이다.

다음 단계는 다가올 죽음에 대한 마음의 준비를 하는 것이다. 프로이트는 죽음이 누구에게나 찾아오는 자연스럽고 부정할 수 없는 것임에도 사람들은 마치 그것이 다른 사람들에게만 일어나는 일로 인식한다고 하였다. 건강이 악화되어 병석에 눕기 전까지는 죽음을 심각하게 받아들이기보다는 막연히 두려워한다는 것이다. 죽음 이후의 세계를 알 수 없다는 무력감, 죽음의 과정에서 닥치게 될 고통, 가족들과의 이별 등이 이러한 두려움을 유발하는 요소로 알려져 있다.

2010년에 영국 「이코노미스트」가 국가별 죽음의 질을 평가한 자료에 따르면 우리나라는 조사 대상 40여 개국 중 32위에 올랐다. 그만큼 우리는 아직까지 소위 '웰다잉(Well-dying)'에 대한 인식이 많이 부족한 편이다. 우리도 이제는 죽음을 공포가 아닌 자연스러운 인생의 단계로 대하는 인식의 전환이 필요하다.

오랫동안 호스피스 병동에서 자원봉사를 해온 분들의 말을 들어보면, 장기간의 무의미한 연명치료가 환자를 더 고통스럽게 하는 경우가 많다고 한다. 당사자의 죽음의 존엄성을 해칠 뿐 아니라 경제적으로도 가족들의 고통이 너무 크다. 자신이 노인이라고 인식하는 시점이 되었다면, 앞으로 닥칠지 모르는 만약의 상황을 대비해서, 의식불명 상태에서 기약 없는 의료행위에 대한 본인 의사를 표명해두는 '사전의료 의향서'를 미리 작성해둔다거나 평소 가족들에게 당부해둘 필요가 있다.

누구나 피할 수 없는 죽음이지만 모든 이가 평온과 위엄 속에서 임종을 하는 것은 아니다. 갑작스러운 사고로 마음의 준비도 없이 맞이하거나 분노나 좌절의 단계에서 맞이하기도 한다. 그러나 행복한 인생이 되려면 마지막 순간이 평화로워야 한다. 벌여놓은 일을 마무리하고 가족, 지인들과의 관계도 원만하게 회복시켜놓아야 한다. 마음속에 작은 미련도 없이 평화로운 마음으로 마지막 순간을 맞이해야만 행복한 인생이 아니겠는가.

은퇴 후 나이가 들면서 내가 죽기 전에 꼭 하고 싶은 일들을 목록으로 적어놓는 '버킷 리스트'를 작성해본다든가 나만의 자서전을 써보는 것도 언젠가 있을 내 인생의 엔딩을 더욱 의미 있게 맞이하는 일이 아닐까?

# 시니어를 위한
# 자산관리 노하우

생애설계 차원에서의 자산관리는

수익성과 안정성, 유동성

세 가지 요소의 균형을 맞추면서

인생을 길게 보는

안목이 중요하다.

# 생애설계
# 자산관리
# 어떻게 하나?

흔히 재테크, 저축, 투자를 각각 명확하게 구분하지 않고 '자산관리'라는 용어로 통칭하는 것이 보통이다. 그러나 생애설계에서 저축과 투자는 엄격히 구분되어야 한다. 저축은 미래에 소요될 자금을 충당하기 위한 것이고 투자는 미래의 필요와 관계없이 이자보다 높은 수익률을 달성하기 위한 활동이다. 하지만 저축과 투자를 말처럼 명확하게 구분하기는 쉽지 않다.

실제로 미래 자금을 위해 절약한 돈을 원금과 이자가 보장되는 상품에 운용하는 대신 주식이나 부동산처럼 높은 수익을 얻을 수 있는 상품에 묻어두는 사람들을 흔히 본다. 이는 기본적으로 이자보다 높은 수익률을 얻기 위해서이지만, 과거 한국경제에서 부동산과 주가가 높은 상승률을 기록했던 경험이 더 큰 영향을 미친 것 같다. 특히 부동산은 1998년 IMF 구제금융을 받을 당시를 제외하고는 1960년대 초반부터 50여 년간 꾸준히 상승했기 때문에 사두면 절대 손해 보지 않는다는 생각이 지배적이다.

그에 비하면 주식은 여러 차례 침체를 보였음에도 실패보다 성공의 기억이 강렬하여 사람을 유혹하는 탓인지, 아직도 많은 사람들이 주식을 저축으로 생각하는 듯하다. 그래서 적립식증권저축, 장기주식저축과 같이 주식에 투자하는 금융상품임에도 저축이란 이름이 붙을 수 있는 것이다.

그런데 한번 생각해보자. 만약 2년 뒤 필요자금이 1000만 원이고 현재 여유자금이 2000만 원인 상황에서, 이 돈을 전부 주식 매입에 사용한다면 저축일까 투자일까? 주식은 수익률이 변동하므로 2000만 원 전부가 투자라고 할 수도 있겠지만, 우량주에 투자한다면 2년 뒤에 최소한 1000만 원은 유지할 가능성이 크므로 1000만 원은 투자, 1000만 원은 저축이라고 생각할 수도 있다.

그러나 생애설계 관점에서는 2000만 원 전부를 투자로 보아야 한다. 저축은 확정된 금액만을 생각해야 하기 때문이다.

2000만 원 주식은 확정된 금액이 아니며 도중에 1000만 원이 필요하다고 해서 그만큼만 매도하기도 쉽지가 않다. 따라서 생애설계에서는 불확실성의 자금을 전부 투자라고 보는 자세가 필요하다.

## 수익성, 안정성, 유동성의 균형을 찾아라

투자를 하려면 어떻게 해야 할까? 주식, 채권, 파생결합증권, 부동산, 금, 그림이나 농산물까지 투자 대상은 무수히 많다. 게다가 우리나라뿐 아니라 미국과 일본의 주식도 실시간 사고팔 수 있는 글로벌 투자환경을 갖추고 있다. 가장 현명한 투자는 가장 높은 수익률을 달성하는 데 투자하는 것이겠지만, 100세를 살아가는 긴 생애를 놓고 본다면 안정성이 중요한 기본 가치임을 부인하기 어렵다. 생애설계 차원에서의 자산관리는 수익성과 안정성이 균형을 이루면서 인생을 길게 보는 안목이 중요하다.

참고로 세계적인 자산운용사인 미국 피델리티사에서는 금융상품 투자 시 다음과 같은 네 가지의 종목선정 원칙이 있다. 첫째, 시장리스크는 장기투자로. 둘째, 종목리스크는 분산투자로. 셋째, 시간 분산은 적립식으로. 넷째, 종목 분산은 포트폴리오

방식으로. 이처럼 위험을 관리하는 동시에 수익성을 추구하는 투자 노하우를 생애설계 차원의 재테크에도 적극 참고할 필요가 있다.

또 한 가지 노후 자산관리에서 중요한 항목은 유동성이다. 부동산, 저축, 투자를 막론하고 수익성, 안정성, 유동성의 세 가지 요소를 가장 핵심적으로 판단해야 한다. 하지만 수익성과 안정성이 보장된들 내가 현금화시키고 싶을 때 현금화할 수 없다면 그 수익성과 안정성이 무슨 소용이 있을까? 유동성을 최우선 항목으로 삼고, 수익성과 안정성 중 우선순위를 꼽고자 한다면 연령대별, 자산금액별로 다를 수 있다. 젊은 시절에는 안정보다는 수익을 우선할 가능성이 높다.

저축도 마찬가지다. 저축성 예금과 요구불 예금(보통예금)의 금리 차이도 유동성에서 그 배경을 찾을 수 있다. 주택 구입 시 입지조건을 따지는 것도 자산의 유동성을 고려하기 때문이다.

퇴직 후 사망하기까지의 긴 시간 동안 풍족한 노후생활을 하기 위해서는 연금 제도를 활용하면서 개인의 자산을 키우는 노력도 필요하다. 저금리 시대의 고착화, 부동산 가격 안정화 등으로 자산 증식이 쉽지 않지만 투자 관련 포트폴리오 구성으로 생애설계 자산관리에 대비해야 한다.

# 시니어
# 투자클럽에
# 답이 있다

　　　　　　　주식투자를 비롯한 금융투자상
품을 혼자 결정하고 투자하기란 결코 쉽지 않다. 투자상품 특유
의 변화무쌍한 변동성과 투자 변수들이 워낙 접근하기에 까다
로운 탓이다. 더구나 원금을 보전하면서 투자성과를 올리기란
더더욱 어렵다. 그렇다고 초저금리 시대에 저축만 할 수도 없
고, 100퍼센트 안전한 투자만 고집할 수도 없는 노릇이다. 결국
투자에 성공하기 위해서는 본인 스스로 투자에 대한 지식과 경
험을 쌓는 것이 최선이다.

　그런데 은퇴한 시니어들의 입장에서는 적은 돈이라도 어떻게

든 늘려야 하는데 마땅한 투자 대상과 방법이 별로 없다. 이 문제를 해결하기 위해서는 가까운 사람들과 머리를 맞대고 경제와 금융투자 공부를 병행하면서 친목을 돈독히 할 수 있는 투자클럽(모임) 활동을 추천한다.

투자클럽은 1898년 미국 텍사스에서 처음 설립되었으며 이후 1951년에 민간 투자클럽협회(NAIC)를 창설하면서 미국 내 증권 인구의 저변 확대에 크게 기여해왔다. 현재 미국 전역에 약 3만여 개의 투자클럽이 활동 중이며, 일반인으로 구성된 투자클럽의 총규모는 2012년 기준 약 200조 원에 이르고 매달 약 580억원이 새롭게 투자되고 있다.

일본에서는 1990년도부터 투자클럽이 활성화되기 시작했는데 다소 폐쇄적인 투자 분위기 탓인지 현재 약 500여 개 수준에 머물고 있다.

우리나라의 경우 정확한 집계는 없지만 현재 많은 소규모 투자모임이 활동 중이다. 그중 언론에도 소개된 바 있는 7080투자클럽이 있다. 다양한 금융업계에 종사하면서 평소 서로 잘 아는 여섯 멤버로 구성된 모임이다. 7080투자클럽에는 세 가지 원칙이 있다. 첫째, 매달 각 25만 원씩 돈을 모아 공동투자 한다. 둘째, 투자종목은 여덟 개 이내로 제한한다. 셋째, 만장일치 종목에만 투자한다.

그 결과 출범 1년 2개월 만에 투자수익률이 25퍼센트를 넘어

웬만한 투자금융사보다 좋은 실적을 자랑한다. 모임의 회장인 박동욱 전 대우투자자문 대표는 "세계적인 포트폴리오 매니저도 최후 5분 사이에 충동적인 매매 결정을 하는 경우가 많다. 투자클럽은 멤버들의 회의를 통해 결정을 내려야 하기 때문에 충동적인 투자를 하는 일이 없도록 제도적인 장치를 마련한 셈"이라고 말한다. 박 대표는 필자의 대우증권 선배로서 대우투자자문 임원 시절 그 유명한 '코리아펀드' 운용 파트너로 참여해 큰 성과를 올렸다.

필자도 15년 전부터 가까운 지인들과 매달 점심모임을 가지면서 매달 10만 원의 회비를 모아 장기적립식으로 투자한 결과, 당초 기대보다 투자수익도 월등하고 모임도 더욱 활성화되는 좋은 경험을 누리고 있다. 이를 통해 주식투자는 달마다 적립식으로 장기투자 하는 게 높은 이익을 거둔다는 사실을 실제 체험하고, 투자모임의 특징과 성과를 많은 사람들에게 소개하기도 했다.

미국에서는 일반인들이 운영하는 투자클럽이 큰 화제를 모은 적이 있다. 1983년 미국의 일리노이주 비어즈타운이라는 작은 마을에서 평균나이 70세인 여성 열여섯 명이 '비어즈타운 레이디스 투자클럽'을 만들었다. 농부, 주부, 교사 등 다양한 직업과 배경을 지닌 이 여성들은 매달 25달러씩 거둬 주식과 펀드 등 금융투자상품에 투자한다. 이들은 10년간 연평균 수익률이 평균 주식수익률보다 높은 10퍼센트대의 투자성과를 올려 이목을 집중시켰다.

앞으로는 개인적으로 혼자 투자하기보다 가까운 사람들이 모여 상호 간 중지를 모아 투자를 결정하는 시니어들의 모임 형태가 점차 활성화될 전망이다. 투자클럽은 생애설계 자산관리와 재테크 차원에서 각 연령대별로 유용한 모임이다. 30~40대의 젊은 층이 이러한 투자클럽을 결성해 활동한다면 은퇴하는 60대쯤에는 기대 이상의 노후자금을 거두게 될 것이다.

이러한 투자모임의 결성과 운영 그리고 금융이나 투자에 대한 지식이 필요할 경우 가까운 증권회사나 투자금융회사 등에 협조를 요청하면 많은 도움을 받을 수 있다. 다만 비인가 금융사나 사설 투자클럽 형태의 모임은 신중하게 접근할 필요가 있다.

투자클럽 모임은 향후 증권 유관기관이나 증권사들도 점차 많은 관심을 보일 것으로 예상되므로, 앞으로 건전한 투자문화와 새로운 활동 영역으로 조성될 가능성이 크다. 평생 증권업에 종사한 사람으로서 시니어 투자모임이 건전하게 활성화되기를 진정으로 기대한다.

# 시니어
# 재테크의
# 3+1 원칙

시니어들이 투자에 성공하기 위해 반드시 고려해야 할 세 가지 원칙이 있다. 첫째, 투자 대상을 철저히 파악하고 둘째, 분산투자를 실천하고 셋째, 지속적인 모니터링과 조정을 해야 한다.

## 첫 번째 원칙, 투자 대상을 철저히 파악하라

투자 대상이 하루가 다르게 쏟아

져 나오는 상황에서 전문가라는 사람들이 그럴듯하게 설명하는 것만 믿고 투자하다 보면 냉철한 분석이 어렵다. 어떤 상품이건 판매하는 입장에서는 위험을 축소하고 좋은 점만 부각시키기 마련이다. 또 같은 내용이라도 남의 말을 듣는 것과 스스로 알아보고 이해하는 것은 차이가 있을 수밖에 없다. 그러므로 투자 대상을 결정하기 전에 상품에 대해 스스로 알아보고 충분히 분석하는 과정이 꼭 필요하다.

예를 들어 주식에 투자한다면 그 기업의 과거 재무제표를 살펴보는 것은 물론 주가동향도 꼼꼼히 파악해야 한다. 뉴스를 검색해보고 증권사의 분석보고서까지 읽어본다면 더욱 좋다. 증권사 직원의 추천이나 호재가 있다는 말만 믿고 투자하는 것은 짝수냐 홀수냐에 돈을 거는 룰렛과 별반 다르지 않다.

부동산도 마찬가지다. 기본적인 권리관계는 물론이고 관련된 뉴스를 샅샅이 검토해야 한다. 특히 개발과 관련된 물건이라면 더욱 그렇다. 요즘은 십 수년 전 신문기사도 쉽게 찾아볼 수 있는 시대다. 아무리 주변의 믿을 만한 사람의 말이라도 뒷받침할 만한 뉴스가 없다면 일단 의심해보는 것이 안전하다.

그나마 주식이나 부동산은 대체로 투자의 위험성이 잘 알려져 있지만 파생상품의 경우는 상품의 성격 자체도 이해하지 못하는 경우가 종종 있다. 물론 파생상품은 일반인이 쉽게 접근할 수 있는 것이 아니지만 의외로 각 금융기관 PB(금융컨설팅 전문가)로부터 쉽게 투자 권유를 받고 실제 이들 상품에 대한 일반인 투자가 늘어나고 있는 만큼 기본적인 지식이 필요하다.

2005년 A은행에서 판매한 펀드가 좋은 예다. 만기가 6년으로 연간 '5년 국고채 금리+1.2퍼센트'의 이자를 분기마다 지급하는 이 상품은 이자는 높았지만 손실발생 조건이 포함되어 있었다.

파생상품이라는 것 자체가 워낙 복잡한 구조로 설계되어 있어서 일반인들은 이해하기가 쉽지 않은 것이 맹점이다. 파생상품을 접해본 적이 없는 사람이라면, 한번 경험 삼아 이 상품의 내용을 들여다보자.

이 파생상품의 조건은 112개 글로벌 기업을 보험포트폴리오(56개)군과 위험포트폴리오(56개)군 두 그룹으로 나누고 3년 뒤부터 매주 목요일에 주가를 관찰하여 펀드 설정일인 2005년 11월 주가 대비 65퍼센트 이상 하락한 종목의 개수를 계산한다. 그런 다음 위험포트폴리오에서 65퍼센트 이상 하락한 종목 개수와 보험포트폴리오에서 65퍼센트 이상 하락한 종목 개수의 차이를 계산한다. 이 수치를 매주 누적한 값이 손실 여부를 결정하는 기준이 되는데, 값이 56 이하면 손실이 없이 원금이 보장되나 56을 넘으면 손실이 발생하기 시작해 91이 되면 100퍼센트 원금 전액을 손실하게 된다.

즉 이 펀드는 65퍼센트 이상 주가가 하락할 종목이 거의 없다는 전제조건에서 만들어진 것이었다. 그도 그럴 것이, 기준이

된 112개 종목은 글로벌 우량기업이었기 때문이다. 그러나 설정 후 3년이 지나 2008년 11월 13일 처음으로 계산한 수치가 10으로 이 상태가 5주만 지속되어도 손실이 불가피한 상황이었고, 최악의 경우 9주를 지속하면 원금이 거의 다 사라질 형편이었다. 공교롭게도 이 시기는 9월 리만브라더스 파산으로 시작된 금융위기가 전 세계 금융시장을 강타한 직후였다. 이후 금융시장이 어느 정도 안정을 찾기는 했으나 주가가 회복되지 않아 펀드 손실률이 무려 83.59퍼센트에 달했다.

이 사례에서 얻는 교훈은 무엇일까? 자신이 선택한 상품에 대해 철저히 알아야 한다는 것이다. 판매직원의 말을 믿는다고 해서 그가 손실을 보상해주는 것은 아니며, 결국 책임은 투자자가 지게 된다. 상품의 내용이 복잡해서 이해가 되지 않으면 차라리 투자를 하지 말아야 한다. 고수익이라는 유혹에 귀가 솔깃하겠지만 만에 하나 사고가 터지면 원금을 모두 잃을 수도 있다.

이 펀드는 많은 투자자에게 손실을 안겼고, 감독 당국이 파생상품의 판매절차를 강화하는 계기가 되었다. 투자자뿐 아니라 은행과 감독 당국 모두에게 교훈을 남긴 셈이다.

## 두 번째 원칙, 분산투자하라

아무리 상품을 철저히 파악하더라도 투자에 따르는 위험을 완벽하게 피할 수는 없다. 이 위험성을 줄이는 방법이 바로 분산투자다. 한 바구니에 계란을 모두 담지 말라는 증시격언이 있는데 분산투자가 그 해법이 될 수 있다.

여기서 말하는 분산투자란, 주식을 여러 종목에 나누어 투자하는 것이 아니라 상품별로 나누어 투자하는 것을 말한다. 주식이나 그림, 부동산 같은 고위험 고수익 상품, 파생결합증권 같은 중위험 중수익 상품, 채권 같은 저위험 저수익 상품으로 투자 대상을 분류해서 위험도에 따라 투자를 분산하는 것이다.

여러 종목에 분산투자를 하면 위험이 줄기는 하지만 대략 15종목이 그 한계치다. 즉 15개 이상 여러 종목의 주식에 분산투자를 해도 중위험 상품 하나보다 손실을 볼 위험이 커지는 것이다. 이와 같이 위험도에 따라 투자를 분산할 경우 적당한 투자 비율은 얼마일까? 1:1:1이 일반적이겠지만 개인의 취향에 따라 적절한 비율을 선택하면 된다. 고위험 고수익군에 투자를 전부 몰아넣지만 않으면 된다. 한 걸음 더 나아가 각각의 위험군 내에서도 종목별로 분산투자를 하면 위험을 줄일 수 있다. 저위험군인 채권도 여러 종목으로 나누면 위험은 더 줄어든다.

## 세 번째 원칙, 지속적인 모니터링과 조정이 필요하다

저축은 만기까지 꾸준히 실행해야 성공하는 것처럼, 투자도 만기까지 지속적인 관찰이 필요하다. 투자를 결정했던 시점에 예상한 것과 달리 상황이 변동하면 손해를 보더라도 팔고, 기대했던 수익률을 달성했으면 더 욕심을 부리지 않고 정리하는 자세도 요구된다. 손해를 보았다고 마냥 기다리거나 달성된 수익을 담보로 더 높은 수익에 베팅하는 것은 투자를 실패로 이끌기 쉽다. 투자의 실패 사례를 보아도 많은 경우 투자 대상을 결정하는 데 실패해서가 아니라 이후의 조정과정에서 적절히 대처하지 못해서다.

## 투자 대상보다 자신을 먼저 파악해야

지금까지 살펴본 세 가지 원칙만 실천한다면 투자에서 큰 실패를 보지 않는다. 그중에서 가장 많은 시간과 노력을 요하는 것은 투자 대상을 파악하는 일이고, 실제로 적용하기가 어려운 것은 분산투자와 사후조정이다. 분산투자가 쉽지 않은 이유는 투자 대상 중에서 가장 좋아 보이는 한 군데에 자금을 다 몰아넣고 싶은 유혹을 떨쳐버리기 쉽지 않기 때문이다.

그렇지만 사후조정은 분산투자보다도 더 어렵다. 특히 손해를 본 상태에서 정리하는 것은 웬만한 마음가짐으로는 실행하기가 쉽지 않다. 그러나 곪은 상처를 내버려두면 전신으로 퍼져 손쓸 수도 없게 되는 것처럼, 아프더라도 종기를 도려내야 한다. 이런 경우를 손절매 또는 로스 컷(Loss Cut)이라고 하는데, 이를 실행하려면 사전에 명확한 기준을 세워야 한다.

예를 들어 주식을 투자한 시점에 로스 컷을 15퍼센트로 정했다면 주가가 15퍼센트 이상 하락할 경우 무조건 주식을 팔아야 한다. 그렇지 않으면 정리할까 말까 고민하는 사이 손실이 더욱 커질 수 있다. 그러다 손실 폭이 30~40퍼센트에 다다르면 아예 손절매를 포기하게 된다.

따라서 로스 컷은 지나치게 높아서는 안 되고 심리적으로 수용 가능한 수준으로 결정해야 한다. 증권회사나 자산운용사 같은 기관투자가들도 보통 15~20퍼센트의 손실수준을 로스 컷으로 설정해놓고 있다.

그렇다면 반대로 투자가 수익을 남기는 경우는 어떨까? 이 경우에도 어렵기는 마찬가지다. 주식이건 부동산이건 혹은 그림이건 가격이 올라갈 때는 한없이 올라갈 것처럼 여겨진다. 이런저런 이유가 따라붙고 온갖 호재가 뉴스를 타게 되면 예상수익률에 도달했다 하더라도 선뜻 팔기가 쉽지 않다.

사람의 심리란 묘해서, 팔고 나서 가격이 올라가는 것을 손해 보는 것 이상으로 참아내지 못한다. 그러다 막상 가격이 하락하면 이번에는 최고점에서 팔지 못한 것이 아쉬워 팔지 못한다. 실제로 예상수익률 이상으로 가격이 상승하는 일도 비일비재하다. 이럴 때는 목표가격에서 팔지 않고 기다리는 것이 현명한 선택이겠지만, 반대의 경우가 주는 고통을 생각하면 목표치에서 파는 것이 가장 안전한 방법일 것이다.

지금까지 현명한 투자를 위한 세 가지 원칙을 살펴보았다. 그러나 사실 정답이 없는 것이 투자의 세계다. 가장 높은 수익을 남겨줄 투자 대상을 찾을 수도 없거니와 분산투자, 사후관리 등도 실행하기가 말처럼 쉽지 않다. 머리로는 아무리 납득해도 감정이 그것을 수용하지 못하는 경우가 많기 때문이다.

따라서 투자를 시작하기 전에 먼저 파악해야 할 것은 투자 대상이 아니라 자기 자신이다. 투자 대상을 이해할 수 있는 지식이 있는지, 분산투자와 사후관리를 할 수 있는 마음가짐이 되는지를 점검해야 한다. 이때 지식이 부족하거나 과단성이 부족한 성격일수록 저위험 저수익군 위주로 투자해야 하고, 반대의 경우라면 고위험 고수익 군의 투자 비중을 높여도 무방하다. 물론 이 경우에도 위험군별로 분산투자가 필요함은 물론이다.

## 부부간의 소통은 필수다

지금까지 이야기한 세 가지 원칙 외에도 투자에서 고려할 사항이 더 있다. 3+1원칙, 바로 부부 간의 소통이다. 투자에서 부부간의 소통이라니 어울리지 않는 이야기라고 생각하겠지만, 앞서 저축에서 언급한 부부간의 소통과 같다. 미래의 소요자금과 여유자금을 추정할 때 남편이나 아내 혼자서는 정확한 계산을 할 수 없다고 했는데, 투자에 있어서는 이 문제가 한층 더 복잡해진다. 투자 대상 선별에서부터 사후조정까지 여러 단계의 선택을 거치는 과정에서 부부가 의견의 일치를 보기가 쉽지 않기 때문이다.

그렇다면 투자에 있어서 부부간의 의견 차이를 어떻게 해결해야 할까? 부부 모두의 생애에 막대한 영향을 미칠 투자를 서로에게 비밀로 할 것인가? 투자는 반드시 부부간의 소통을 전제로 이루어져야 한다. 즉 투명한 정보공유가 있어야만 한다는 뜻이다. 그러나 성공적인 투자를 위해서는 의사결정의 주체를 부부 중 한 사람으로 명확히 하는 것이 좋다.

요즘 여성의 사회활동이 활발해지면서 아내의 경제력이 남편보다 큰 경우도 있고 투자에 필요한 지식이 더 해박한 경우도 적지 않다. 성공적인 투자에 요구되는 과단성마저 남자보다 강한 여자가 수두룩하다. 따라서 부부간의 합의를 통해 결정하되

한 사람에게 의사결정의 전권을 주면 잡음이 없다.

부부가 각자 투자를 하는 방법도 있다. 남편의 돈은 남편이, 아내의 돈은 아내가, 이런 식의 구분이 아니라 자금을 둘로 나누어 투자하는 것을 말한다. 이때 자금을 정확히 1/2씩 쪼개는 것이 아니라 부부가 합의하는 적당한 비율이면 된다. 이렇게 하면 자연스럽게 분산투자가 가능해질 뿐 아니라 투자결정에 대하여 서로 독립성을 확보하게 된다.

물론 이런 경우에도 투자 대상이 무엇인지, 자금이 얼마나 투자되었는지 같은 포트폴리오 정보는 공유하는 것이 좋다. 그러다 보면 누가 투자에 더 재능이 있는지도 알게 될 것이고 부부간에 선의의 경쟁이 생길지도 모른다.

이상 살펴본 현명한 투자를 위한 3+1원칙에 충실한다면 당신의 시니어 재테크는 성공적일 것이다.

# 직접투자와
# 간접투자의
# 특징은?

　　　　　　　　　　　포트폴리오 구성 시 저축보다 높
은 수익률을 기대할 수 있는 상품은 내 돈을 운용하여 수익률을
극대화시키는 투자상품이다. 이러한 상품으로 갈아탈 때면 직
접투자를 할 것인가, 아니면 간접투자를 할 것인가의 두 가지
갈림길을 만나게 된다. 직접투자란 원하는 종목을 직접 사고파
는 투자방법이고, 간접투자는 투자금액을 투자신탁이나 투자자
문회사에 맡기고 운용 결과를 나누어 갖는 방법이다.

　직접투자 재테크의 대표적인 예가 주식투자다. 그만큼 일반
인에게 친숙하기도 하지만 위기도 많았다. 멀게는 1970년대 말

의 건설주 파동, 1997년 IMF 구제금융 사태, 2008년 글로벌 금융위기 등으로 주식시장이 폭락할 때마다 우리 사회는 크게 휘청였다. 그러나 1985년부터 1989년까지 3년여 간 종합지수가 100포인트에서 1000포인트까지 상승한 것이나 2000년 IT기업 주가폭등, 삼성전자, SK텔레콤 등 친숙한 기업들의 엄청난 주가상승을 돌아보면 그만큼의 기회도 있었다. 주식시장은 위험과 기회가 공존하는 시장인 것이다.

## 주식투자에서 성공하기 위해 갖춰야 할 것들

주식투자에서 성공하는 근본적인 비결은 무엇일까? 정답은 없으나 주식시장의 속성에서 힌트를 얻을 수 있다. 즉 주식시장은 기본적으로 위험 시장이기 때문에 이 위험을 감수할 수 있어야만 성공할 수 있다는 것이다. 위험을 감수한다는 것은 손해를 보더라도 마음의 평화를 유지할 수 있음을 뜻한다. 그러기 위해서는 투자자금이 생활비가 아닌 여유자금이어야 하고, 손해를 보아도 아무렇지도 않게 넘길 수 있는 대범한 성격이어야 한다. 이 두 가지 조건이 충족되지 않아도 주식투자에서 성공하는 경우가 물론 있다. 처음 매입한 주식의 주가가 오르고 그 이후에는 투자를 하지 않는 경우다.

그러나 이런 행복한 경우는 많지 않다. 확률적으로만 보면 첫 투자가 성공할 확률은 50퍼센트이지만 대부분 한 번의 투자로 끝내지 않기 때문에 많은 경우 실패로 끝난다. 즉 주식투자를 계속하다 보면 매입한 주식이 하락하여 손실을 보고, 이로 인해 마음의 평정이 깨져 합리적인 의사결정을 할 수 없게 된다. 손해를 보더라도 주식을 팔아야 할 때가 있는데, 원금 회복에 대한 기대를 버리지 못하고 다시 오르기를 기다리다가 더 큰 손실을 입는 것이다. 기대한 대로 주가가 올라가주면 다행이지만 확률적으로 50퍼센트는 그렇지 못하다. 혹 한두 번은 성공할지 몰라도, 그런 식의 투자를 반복하다 보면 기대와 달리 주가가 하락할 확률이 100퍼센트에 가까워진다.

이럴 때 선택은 두 가지다. 자포자기 상태로 마냥 기다리거나, 손절매를 하고 다른 종목으로 갈아타는 것이다. 손절매를 하더라도 이미 마음에 상처가 깊은 상태라면 또 실패할 가능성이 높아진다. 손해를 얼른 만회하고 싶은 조급한 마음에 충분한 검토와 인내 없이 주식을 사게 되고 결국 같은 실수가 반복되는 것이다.

직접투자는 투자 결정을 직접 하기 때문에 매매 시점이나 선택한 종목이 적중할 경우 짧은 기간에 높은 수익을 올릴 수 있고, 거래비용도 저렴하다. 하지만 종목 선택을 위한 정보분석 능력이 미흡하거나 경제적 식견과 실제 경험이 뒷받침되지 않으면 지속적으로 수익을 올리기가 어렵다. 무엇보다 직접투자는 개인의 돈만으로 투자하기 때문에 한정된 종목에만 투자가 가능하다. 따라서 위험을 분산시키기 어렵다 보니 투자금액의 안정성은 떨어질 수 있다. 반면 간접투자는 위의 모든 노력과 의사결정을 펀드매니저가 대신해준다.

## 펀드투자의 성공을 좌우하는 요인

펀드투자에 성공하려면 결국 펀드 선택을 잘해야 한다. 그렇다면 어떤 것이 좋은 펀드일까? 단순하게 생각하면 수익률이 높은 펀드가 우량 펀드 같지만, 가입할 때 높은 수익률을 자랑하는 펀드가 반드시 좋은 펀드는 아니다. 수익률은 주식시장의 상황에 따라 언제든 떨어질 수 있기 때문이다. 결국 주식시장이 상승장이든 하락장이든 항상 높은 수익률을 기록하는 펀드가 가장 좋은데, 현실적으로 그러한 펀드는 없을뿐더러 존재한다고 해도 개인투자자들이 찾아내기란 쉽지 않다.

따라서 단기 수익률보다는 중장기 수익률이 꾸준한 펀드를 고르는 것이 바람직하다. 중장기 수익률이 좋은 대표적인 펀드가 바로 적립식 펀드다. 적립식 펀드는 주식형펀드, 채권형펀드 등 투자 대상을 정의하는 것이 아니라 투자방식에서 비롯된 명칭이다. 펀드에 투자할 때 한번에 거액을 넣지 않고 저축하듯 일정 기간 동안 투자금액을 나눠 투자하는 펀드를 넓은 의미에서 모두 적립식 펀드라고 한다. 적립식 펀드는 현재 우리나라뿐 아니라 전 세계적으로 선풍적인 인기를 끌고 있다. 안정적으로 수익을 낸다는 특징 때문인데, 그 비결은 코스트 애버리징 효과 (Cost Averaging Effect)에 있다. 코스트 애버리징 효과는 '평균 매입단가 하락효과'로 풀이할 수 있다.

그러나 적립식 펀드라고 해서 장점만 있는 것은 아니므로 선택할 때는 신중을 기해야 한다. 그러면 적립식 펀드를 선택할 때는 어떤 점을 신경 써야 할까? 다음 다섯 가지를 참고하면 도움이 될 것이다.

첫째, 적립식 펀드는 추가형펀드를 이용해야 한다. 적립식 펀드는 장기간에 걸쳐 투자해야 하는 만큼 입출금이 자유로운 추가형펀드를 활용하는 것이 좋다. 시중에 나와 있는 주식형펀드와 채권형펀드는 대개 추가형펀드다.

둘째, 투자전략이 명확한 펀드를 골라야 한다. 적립식 펀드를 할 때 펀드매니저나 투자 대상이 수시로 바뀌기보다 일관되게 유지되는 것이 유리하다. 그러므로 뚜렷한 대상에 장기간 투자하는 전문적인 펀드를 선택하는 것이 바람직하다.

셋째, 자산규모가 크고 꾸준히 증가하는 펀드를 택한다. 펀드

수익률은 펀드의 규모와 상관없이 발생하지만, 규모가 작은 펀드는 자산운용회사 입장에서 보면 이익보다 손실이 발생할 확률이 더 크다. 펀드를 운용하는 자산운용회사에는 펀드매니저뿐 아니라 애널리스트, 위험관리자, 일반관리자, 경영자 등 많은 직원이 근무하는데, 이런 규모를 유지하기 위해서는 펀드의 자산규모가 커야 하기 때문이다.

넷째, 자신의 투자성향을 면밀히 파악한 후 펀드를 고른다. 보수적인 투자자들은 원금 손실이 발생했을 경우 심리적인 불안감을 떨쳐버리지 못해 너무 빨리 환매하여 투자에 실패하는 경우가 종종 있다.

다섯째, 투자 목적을 명확히 설정하고 펀드를 선택해야 자신에게 적합한 펀드를 고를 수 있다. 투자 목적을 고려했을 때 투자기간이 1년 미만이라면 채권형 펀드와 같은 안정적인 펀드가 유리하고, 투자기간이 2~3년 이상이라면 주식형 펀드를 활용한 적립식 투자가 좋다. 변동성이 큰 주식과 같은 상품은 투자기간이 길수록 위험을 커버할 수 있기 때문이다. 또 투자 목적이 10년 이상을 염두에 둔 노후자금 마련이라면 연금이나 변액보험과 같은 상품을 선택하는 것이 효과적이다.

최근 펀드 투자 대상이 전통적인 채권, 주식에서 파생상품, 부동산, 해외펀드 등으로 확대되고, 개별시장도 세분화되고 있다. 금융시장이 점차 복잡해짐에 따라 성공적인 분산투자로 수익률을 올리려면 금융시장에 대한 전반적인 이해는 물론, 개별 펀드를 선택하는 요령도 숙지해야 한다. 직접투자든 간접투자든 투자자금을 주식이나 채권 등에 투자한다는 점은 같다. 단지 언제, 어느 종목을, 얼마에 사고팔 것인가 하는 결정을 직접 할지 아니면 자산운용전문가에게 맡길지가 다를 뿐이다.

결론적으로 직접투자가 더 많은 투자수익을 안겨줄 '종목'을 찾는 과정이라면, 간접투자는 더 많은 투자수익을 안겨줄 '전문가'를 찾는 과정이다. 중요한 것은 직접투자를 하든, 자산운용전문가에게 맡기든 투자로 인해 발생하는 위험은 투자자의 몫이므로 스스로 투자를 위한 지식과 경험을 쌓아야 한다.

## 시간에 투자할 것인가, 기업에 투자할 것인가

성공적인 주식투자를 위해서는 마음가짐이 우선이다. 좋은 종목을 고르고 때를 기다리는 것, 투자기법은 그다음 문제다. 투자의 신으로 추앙받는 워런 버핏도 손실을 피하지는 못했다. 파생상품으로 손실을 본 적도 있고 최근에는 IBM과 코카콜라의 주가 하락으로 대규모 평가손실을 입었다고 한다. 그럼에도 버핏이 오늘날까지 건재한 것은 흔들리지 않고 몇 년이고 기다릴 수 있는 자금과 마음의 여유가 있기 때문이다.

그런데 우리가 버핏처럼 하기에는 현실적으로 시간과 자금이 부족하다. 주식을 사서 10년을 기다릴 만큼 한가하지도 않고 손실이 나도 웃어넘길 만큼 여유자금이 넘치지 않는다. 대부분 집을 넓히거나 노후자금으로 쓰려던 저축으로 주식투자를 하기 때문이다. 이런 상황에서 손실이 났을 때 누가 마음의 평정을 유지할 수 있겠는가?

따라서 주식투자에 성공하기 위한 첫 번째 노하우는 손실을 감내할 수 있는 여유자금으로 시작하는 것이다. 물론 여유자금이 충분치 않아서 실망할 수도 있고 어느 세월에 이 돈으로 필요한 돈을 벌 수 있을까 하는 걱정도 생기겠지만 반드시 지켜야 할 일이다.

다음은 투자기법의 문제인데 크게 두 가지로 설명할 수 있다. 첫째는 시간에 투자하는 것이다. 종합지수를 관찰하면 지수가 3~5년의 기간을 두고 하락하거나 상승하는 경우가 많은 것을 볼 수 있다. 경기변동의 사이클과 동시성을 갖는 것처럼 보이지만 꼭 그런 것은 아니다. 분명한 것은 주가가 상당 기간에 걸쳐 상승하거나 하락한다는 것이다. 시간투자는 바로 이 점을 이용한 투자방법이다.

상승기에는 주식을 보유하고, 하락기에는 보유하지 않는 것이 원칙이다. 따라서 주식을 매수하면 보유기간이 길고 하락기에는 한동안 주식투자를 하지 않게 된다. 물론 이 경우에도 영업실적 전망이 좋은 종목을 고르는 것이 필요하지만 그런 종목이 눈에 띄지 않으면 주식시장의 대표적인 우량주를 골라 분산투자를 하면 된다. 시간투자의 핵심은 기업 내용보다는 시장 전체의 변화를 타깃으로 하는 것이기 때문이다.

이때 상승기와 하락기의 타이밍을 찾아내는 노하우가 필요하다. 보통 기술적 분석이라고 부르는 차트분석을 이용하지만 정확성은 직관에 의존하는 것과 별반 차이가 없다. 따라서 주가가 장기간 하락하고 경기가 서서히 좋아질 것 같으면 주식을 사고, 반대로 주가가 장기간 상승해서 더 이상 상승 여력이 없을 것 같을 때 매도해서 이익을 실현하면 된다. 그러고는 하락기가 완성될 때까지 기다리는 것이다.

두 번째는 기업에 투자하는 것이다. 말 그대로 앞으로 영업실적이 장기간 좋아질 기업을 찾아내서 투자하는 것이다. 1990년대 초부터 시작된 휴대폰 대중화를 예상하고 SK텔레콤에 투자하거나 반도체 세계 1위가 될 것을 예상하고 삼성전자에 투자하는 식이다.

이를 위해서는 시장과 기업에 대한 세밀한 분석과 자료 검토가 필수적인데, 단순히 증권사의 보고서를 한두 편 읽는 수준이 아니라, 확신이 설 만큼 폭넓은 자료를 섭렵해야 하므로 일반 투자자에게는 결코 만만한 일이 아니다.

이처럼 시간투자 기법이나 기업투자 기법의 원리 자체는 어렵지 않지만 실행에는 여러 어려움이 따른다. 시간투자는 오랜 기간을 기다리는 것, 즉 시간과의 싸움이 가장 어려운 요소다. 날마다 열리는 주식시장에서 주가는 쉴 새 없이 오르내리기를 반복하는데, 상승기가 오기만을 하염없이 기다린다는 건 결코 쉬운 일이 아니다. 또 상승기라 생각해서 주식을 매수한 뒤 기다리는 것도 마찬가지로 어렵다. 자신이 보유한 종목은 주가가 떨어지는데 다른 종목이 오르게 되면 종목을 교체하고 싶은 욕구가 자연히 생기기 때문이다.

또한 기업투자 기법의 경우에는 영업실적이 좋아질 기업을 찾기가 어렵다. 증권 면에 나오는 신문기사나 증권회사의 보고서라 하더라도 그런 유망한 기업을 족집게처럼 찾아내는 경우는 드물다.

이 같은 어려움 때문에 현실에서는 좀 더 변화된 기법을 사용한다. 먼저 시간투자의 경우에는 짧은 상승과 하락 사이클을 노린다. 길게는 몇 개월 단위의 사이클에서, 짧게는 하루 중의 변동을 노리는 것이다. 이럴 경우 적게는 몇 달에 한 번, 짧으면 하루에도 몇 번씩 매매가 일어난다.

기술적 분석이라 부르는 이 기법은 지루함이 없다는 장점이 있지만, 잦은 매매에 따른 거래비용 증가와 손절매를 자주 해야 하는 고통이 뒤따른다. 그럼에도 불구하고 수익률은 장기적인 시간투자에 비해서는 현저히 낮다.

기업투자의 경우에는 정보를 이용하는 것이다. 신기술을 개발했다거나, M&A, 대주주 간 지분경쟁 등 주가를 상승시킬 호재를 남들보다 일찍 입수하는 방법이다. 그러나 이 또한 쉽지는 않다. 주식시장에 떠도는 정보 중에 절반은 거짓 정보이기 때문이다. 미리 주식을 사놓은 사람들이 흘리는 정보이거나 주가가 상승하면서 자연발생적으로 만들어지는 추측성 정보가 대부분이므로 소문만 믿고 주식을 산다면 손실로 이어질 가능성이 매우 높다.

## 가치투자와 장기투자의 묘미

생애설계 차원에서 주식으로 돈을 벌려면 어떻게 해야 할까? 우선 투자의 기본에 충실해야 한다. 목표 수익률을 정하고, 나누어 사고팔고, 팔아야 할 때는 과감하게 매도하고, 주식에 대한 공부를 게을리하지 않는 자세가 요구된다. 또한 자신만의 투자철학을 세우고 실천해 나간다면 주식투자에서 손해를 볼 확률이 훨씬 줄어든다.

결국 주식투자의 성공 비결은 현란한 투자기법이 아니고 바로 기본에 충실한 자세다. 그동안 경험적으로 보면 투자의 기본인 가치투자를 하는 경우에 대체로 높은 이익을 거두는 것을 확인할 수 있었다.

이번에는 가치투자와 장기투자의 묘미에 대해서 알아보자. 증권분석의 창시자이자 아버지라 불리는 벤저민 그레이엄은 주식투자 이론에서 위험을 나누기 위해서는 분산투자나 시장의 효율적 자산배분보다 가치투자를 주장함으로써 가치투자의 개념을 세웠다.

그에게서 사사받은 워런 버핏에 의해 가치투자는 그 진가를 발휘하는데, 내재가치에 비해 저평가된 기업에 장기투자하는 것으로 잘 알려진 버핏은 "단지 주식을 사는 것이 아니라 기업을 사는 것"이라는 명언을 남긴다. 버핏은 기업의 주가가 단기적으로는 기업의 내재가치와 상관없이 시장의 수급과 투자심리에 의해 움직이지만, 장기적으로 보면 결국 기업의 내재가치를 반영한다고 주장했다.

벤저민 그레이엄에게는 '저가주 사냥꾼'이라 불리는 월터 슐로스라는 또 다른 제자가 있었다. 그는 버핏에 비해 널리 알려지지는 않았지만 장기투자의 대가로 불린다. 그는 종목선정 시 기업의 재무제표만을 보고 주가가 유동성 자산에 비해 3분의 2 이하로 거래되는 기업에만 투자하고 최소 5년 이상 장기보유하는 전략을 고집한다.

2001년에 은퇴할 때까지 그는 투자펀드를 45년간 운용했는데 연평균 수익률이 15.7퍼센트에 달했다. 이를 복리로 계산하면 720배라는 놀라운 결과가 나온다. 즉 1000만 원을 45년간 투자했다면 72.1억 원을 벌어들인 셈이다. 그의 고객 중 일부는 45년간 한 번도 돈을 빼지 않았다고 하니 그야말로 장기투자의 묘미를 제대로 누렸을 것이다.

증권업 35년 경력의 필자의 경험으로 보면 가치투자의 개념을 얼마나 잘 이해하고 활용하느냐가 투자의 성패를 가른다고 할 수 있겠다.

# 30년이 아닌
# 60년 버는
# 인생을 위하여

## 다양한 금융투자 상품을 알아야 하는 이유

지금은 수명 100세가 희망이 아닌 현실이 되었다. 과거에 축복이라고 여기던 '장수'를 누구나 누리게 된 것이다. 하지만 인생 100세가 진정으로 축복이 되려면 우선 어느 정도 경제적 문제에서 벗어나야 한다. 늙고 병든 몸으로 가난과 싸우며 살아야 한다면 누군들 그것을 축복이라고 하겠는가?

예전처럼 30년 벌어서는 남은 인생을 버틸 수 없다. 모아둔 돈을 쓰기만 해서는 여유와 안정을 보장할 수 없고, 아름다운 노후를 만들 수도 없다. 이제 30년이 아닌 60년 버는 인생으로, 60년 벌어 60년 쓰는 삶으로 나아가야 한다.

그렇다면 해결책은 무엇일까? 수명이 늘어난 만큼 더 오래 경제활동을 하면 되지 않겠는가? 그러나 이것이 생각처럼 쉽지가 않다. 한국경제는 이미 성숙기에 들어섰기 때문에 일자리 창출을 기대하기 어렵다. 학교를 졸업한 젊은이들조차 직장을 구하기 어려운 현실에서 은퇴자에게 돌아올 자리란 대부분 소일거리 수준이다.

그렇다고 가진 돈 전부를 쏟아부어 창업(자영업)을 시작하는 것은 매우 위험한 선택이다. 경제가 성장을 멈춘 상황에서 신규 진입이 계속되는 것이 자영업이기 때문이다. 그만큼 위험이 크다. 실제로 자영업자 중 절반 이상이 50~60대일 정도로 은퇴 후 창업을 선택하는 이들이 많지만, 신규 자영업 여섯 곳 중 다섯 곳은 문을 닫는 현실에서 창업은 결코 믿을 만한 대안이 될 수 없다. 오히려 은퇴 후 창업에 올인했다가 실패한다면 그야말로 노후 빈곤층으로 전락할 수 있다.

그렇다면 결국 투자가 답이다. 물론 어디까지나 투자는 원금 손실의 위험부담이 있기 때문에 조심스럽게 접근해야 하며, 여유자금 한도 내에서 자신의 성향에 맞는 투자방식을 찾는 일이 무엇보다 중요하다. 지금과 같은 초저금리 상태에서 투자에 대한 철저한 분석과 위험관리, 분산투자 등 원칙을 지킨다면 성공적인 투자가 될 가능성이 매우 높다.

투자에 적극성을 가져야 하는 또 다른 이유는 나이에 관계없이 할 수 있다는 점 때문이다. 젊은이와 노인이 특별한 차이 없이 경쟁할 수 있는 곳이 투자의 세계다. 젊은 세대는 앞으로 필요한 자금을 마련하기 위해서, 노인 세대는 노후자금을 마련하기 위해서 투자에 나설 수 있는 것이다.

투자의 세계에서 워런 버핏처럼 세계적인 갑부가 되기는 쉽지 않겠지만, 우리도 버핏처럼 나이가 들어서도 투자활동을 할 수 있다는 것은 사실이다. 일본에서 초저금리가 한창이던 2000년도 초반 소위 '와타나베 부인'이라는 말이 증권가에 유행했듯이, 우리 일반 시니어들도 '나도 못할 것은 없다'라는 자신감이 필요한 시점이다.


## 주식과 주식형펀드

흔히 주식투자로 돈을 번 사람보다 손해 본 사람이 더 많다고들 한다. 대체 왜 그런지 질문하는 사람들도 많다. 그러면 나는 '투자'가 아닌 '투기'를 했기 때문에 당연한 결과라고 답해준다.

주식투자에 대한 관점이 필자와 상당히 일치하는 사람이 있다. 메리츠자산운용 존 리 대표다. 그와는 개인적인 인연이 있는데 1999년 대우그룹 구조조정으로 대우투자자문사를 미국 자산운용사인 스카다사에 매각하기 위해 시카고에 방문했을 때, 서로 상대방 대표단으로 만나 불꽃 튀는 협상을 벌인 적이 있었다.

그는 주식투자는 부자가 되기 위해 하는 것이며, 주식은 사는 것이지 파는 것이 아니라고 말한다. 10년이고 20년이고 장기투자를 해야 큰돈을 벌 수 있다는 논리다. 또 주식을 투자할 때는 그 기업의 동업자라는 인식을 가져야 한다는 것이다. 그는 또 우리나라의 많은 은퇴자들이 가난한 것은 주식투자를 하지 않았거나, 잘못 투자했기 때문이라고 서슴없이 말한다. 대부분 주식투자를 너무 쉽게 결정하고 노력 없이 좋은 결과만 추구하는 모순으로 인해 우리의 주식투자 문화가 도박과 같은 투기적인 형태가 계속되는 악순환에 놓여 있다고 지적한다.

생애설계의 노후 자산관리 측면에서 주식투자가 매우 유용한 수단이라는 데 필자 역시 동의한다. 가급적 젊었을 때부터 다양한 투자경험을 쌓고 투자철학을 세워 장기투자에 임한다면, 은퇴 후 40년이 풍요로워질 것이다.

2015년 현재 한국거래소에 상장된 코스피 종목은 888개, 코스닥은 1068개 종목에 달한다. 이렇게 많은 종목들을 개인이 일일이 분석하기는 현실적으로 어렵다. 그래서 기업을 분석하는 수고를 덜 수 있는 간접투자 상품이 있다. 대표적인 것이 주식형펀드다. 펀드는 주식을 직접 거래하는 것보다 수수료는 더 높지만 그 대가로 펀드매니저가 기업분석을 대신해준다. 중요한 것은 주식형펀드를 선택할 때도 시간투자인지 기업투자인지 전략을 명확히 해야 한다.

시간투자라면 종합지수나 코스피200 지수를 추종으로 하는 ETF(Exchange Traded Fund)를 주식처럼 직접 매수하는 것이 가장 간편하다. 만약 지수보다 조금이라도 초과수익을 기대한다면 대형 우량주에 투자하는 규모가 큰 펀드를 고르면 된다. 이와 달리 기업투자 전략이라면 펀드의 성격을 일일이 따져보아야 한다. 중소형주펀드, 배당주펀드, 소비재펀드, 삼성그룹주펀드 등 전략에 따라 다양한 펀드가 설정되어 있다. 투자 대상도 국내뿐 아니라 중국 등 해외주식, 글로벌 펀드까지 가능하다.

원하는 펀드를 골랐다면 다음으로 살펴보아야 할 것은 펀드의 수익률과 위험이다. 최소한 과거 3년간 꾸준한 성과를 올린 펀드여야 미래에도 수익을 기록할 가능성이 높다. 이때 높은 수익률을 달성했어도 수익률의 변동 폭이 크면 위험이 큰 것이다. 이 지표는 '표준편차'라는 용어로 펀드마다 공시가 된다. 같은 수익률이라면 당연히 표준편차가 작은 펀드가 유리하지만, 수익률이 다를 경우에는 수익률을 표준편차로 나눈 수치가 높을

수록 좋은 펀드라고 보면 된다.

펀드 관련 비용도 꼼꼼히 챙겨보아야 한다. 환매수수료를 부담하지 않는 최소 환매가능기간, 펀드운용사와 판매사가 가져가는 수수료가 어느 정도나 되는지 등이다. 국내 주식형펀드는 보유주식의 매매차익에 대한 세금이 없지만, 해외주식은 15.4퍼센트의 세금을 내야 하므로 주의해야 한다.

## 채권과 채권형펀드

직접투자를 할 때 투자 대상을 주식에서 채권으로 바꾸어도 비슷한 전략이 필요하다. 채권투자를 설명하기에 앞서 인디언 말로 '돌섬'이라 불렸던 맨해튼 (Manhattan) 섬을 판 인디언 이야기를 짚고 넘어가자.

1626년 당시 맨해튼 섬에는 원주민 인디언들과 네덜란드계 이민자들이 주로 살고 있었다. 네덜란드의 서인도 총독이었던 피터 미누이트는 본국에서 건너온 이민자들이 살 땅을 마련하기 위해 땅 주인인 인디언들에게 24달러를 주고 맨해튼을 구입한다. 그리고 이 지역에 고국의 수도 이름을 따 뉴암스테르담 (New Amsterdam)이라 이름 붙였다(훗날 이 도시를 차지한 영국의 찰스 왕이 동생 요크 공의 이름을 붙여 뉴욕New York이라 불리게 된다).

많은 사람들이 단돈 24달러에 섬을 판 인디언들이 어리석었다고 생각했지만, 1989년 유명한 펀드매니저 피터 린치가 복리 채권을 예로 들어 전혀 다른 주장을 펼쳤다. 연 8퍼센트의 복리 채권으로 363년 투자했으면 32조 달러가 되지만, 1989년 맨해튼 전체 땅값은 600억 달러에 불과하다는 것이다. 따라서 인디언이 어리석기는커녕 오히려 현명했다는 결론이다.

여기에서 인디언이 어리석었다는 생각도 잘못되었지만 피터 린치의 계산 또한 정확하다고 볼 수 없다. 우선 1620년대나 지금이나 만기가 300년이나 되면서 이자를 복리로 계산해 지급하는 채권은 없다. 만기는 길어야 30년이다. 또 이자 지급도 해마다 붙는 이자만큼을 액면에 추가하여 그것을 기준으로 다시 이자를 지급하는 복리 방식은 거의 없다. 원금은 그대로 두고 이자만 매년 계산하는 단리가 보편적이다.

따라서 피터 린치의 가정대로 8퍼센트 금리의 복리 채권투자를 하려면 1년 만기 채권을 363년간 매년 재투자해야 한다. 이것은 번거로운 일이기도 하거니와 해마다 원하는 금리 8퍼센트를 얻지 못할 리스크를 감수해야 한다. 이런 현실을 감안해서 평균금리를 6퍼센트로 낮추어 계산하면 368억 달러, 4퍼센트로 낮추면 3600만 달러라는 초라한 금액을 얻게 된다. 과연 인디언들이 어리석었는지 현명했는지는 판단하기 어렵다. 다만 여기서 얻을 수 있는 한 가지 교훈은 복리로 오래 투자하면 큰돈을 얻을 수 있다는 것이다.

채권은 누가 발행했느냐에 따라 국공채와 회사채로 나뉜다. 기획재정부가 발행하는 국채, 한국은행이 발행하는 통안채, 지방정부가 발행하는 지방채 등이 국공채이고, 회사채는 일반 기업이 발행하는 채권이다. 따라서 국공채는 원금과 이자가 보장되지만, 회사채는 이자율이 높은 대신 발행기업이 부도가 나면 원금과 이자를 떼일 가능성이 있다.

회사채를 고를 때는 발행기업의 신용도를 꼼꼼히 따져봐야 한다. 그 과정이 복잡하고 또 부도위험을 피하고 싶다면 국공채를 고르면 된다. 채권은 거래단위가 10억 원 이상으로 크기 때문에 시장을 통한 매매는 어렵고 증권사에서 구비한 채권 가운데 선택해야 한다. 그리고 채권을 일단 매수하면 만기까지 보유하는 것이 절대 유리하다. 중도에 증권사를 통해 매도가 가능하기는 하지만, 매도와 매수 스프레드 차이만큼 손해를 보게 되고, 시중금리가 채권매입 시보다 상승하면 채권가격이 하락하여 원금보다 줄어들 수 있기 때문이다.

이러한 불편함을 피하려면 주식투자와 마찬가지로 채권형펀드를 이용할 수 있다. 투자대상 채권에 따라 공사채형, 회사채형, 혼합형 등 다양한 형태가 있다. 채권형펀드를 이용하면 일일이 채권 종목을 선택해야 하는 번거로움을 피할 수 있을 뿐아니라 회사채에 따르는 부도위험을 분산시키는 효과도 있다.

즉 펀드에는 여러 종목의 회사채가 편입되기 때문에 개인이 한 종목의 회사채에 투자하는 것보다 훨씬 안전하다. 아울러 채권의 만기 시마다 일일이 재투자해야 하는 번거로움도 덜 수 있다.

채권형펀드에 투자할 때는 주식형에 비해 살펴볼 것이 단순하다. 채권은 기본적으로 이자를 노린 상품이기 때문에 펀드 간 수익률 차이가 크지 않고 위험도 적다. 주의할 점은 투자기간이 장기여야 한다는 것이다. 채권형펀드도 주식형과 마찬가지로 시중 금리변동을 반영하여 매일 시가평가를 하기 때문에 투자기간이 단기인 상태에서 시중금리가 급격하게 상승하면 손실이 발생할 수 있다. 세금은 주식형과 달리 투자수익에 대하여 기본적으로 15.4퍼센트가 부과된다.

## 파생상품펀드(선물/옵션)

파생상품 중 역사가 가장 오래되고 이해하기 쉬운 상품이 선물이다. 시카고에 세계 최초의 선물거래소가 설립된 것이 1848년이니 그 역사가 170년 가까이 되었다. 그에 비하면 우리나라는 시작이 늦어 1996년에 코스피 200 지수 선물시장이 개설되었다.

선물이란 쉽게 정의하면 계약금만 내고 주식을 거래하는 것이다. 집을 사고팔 때 지불하는 계약금과 성격이 똑같다. 그러나 한 가지 다른 점은 계약금만 내고 산 주식이라도 이를 되팔수 있다는 것이다. 계약금에 해당하는 것을 선물용어로는 증거금이라고 하며, 실제 거래대금의 14퍼센트에서 36퍼센트 정도다. 예를 들어 삼성전자 주식을 주당 150만 원에 100주를 사려면 1억 5000만 원의 현금이 필요하지만 선물거래를 하면 증거금 14.25퍼센트, 즉 2137만 5000원만 있으면 살 수 있다.

옵션은 선물보다는 좀 더 복잡하다. 계속 삼성전자를 예로 들어보자. 지금 삼성전자 주가가 150만 원이고 한 달 뒤에 삼성전자를 150만 원에 살 수 있는 권리가 있다고 가정하자. 부동산 거래에서 사용되는 청약권리증, 속칭 딱지라는 것과 비슷한 개념이며 정식용어는 '옵션'이다.

살펴본 것처럼 선물과 옵션투자는 주식투자보다 수익률의 변동이 훨씬 크다. 특히나 옵션은 더더욱 그렇다. 따라서 개인들이 투자하기에는 위험성이 크다고 판단되어 선물의 경우는 3000만 원, 옵션의 경우는 5000만 원 이상의 예탁금이 마련되어야 거래를 할 수 있도록 제한하고 있다. 그리고 옵션의 매매는 실제로 매우 복잡하다. 예로 든 것은 옵션을 매수한 경우였지만 반대로 옵션을 매도하게 되면 손실이 복권을 발행한 경우처럼 엄청나게 커질 수도 있다.

거기에 행사가격도 여러 개인 데다 각각의 주식에 대하여 콜옵션과 풋옵션이 있으므로 여러 개의 옵션을 사고파는 매매는 일반투자자가 직관적으로 하기가 거의 불가능하다. 따라서 엑셀과 같은 프로그램과 옵션의 가격을 결정하는 수학모델을 이용할 수밖에 없다.

그렇다고 해서 선물과 옵션이 전문가들만의 영역은 아니다. 또한 주가 하락기에는 주식투자로 수익을 내기 어렵기 때문에 매도가 가능한 선물옵션은 훌륭한 대안이 된다. 선물옵션의 이점을 살리면서 실제 투자의 어려움을 해결하려면 전문가들이 운용하는 파생상품펀드에 투자하면 된다. 주식형펀드가 주가가 상승하기만을 겨냥한 것이라면 파생상품펀드는 한층 다양한 전략을 구사할 수 있다.

주가가 하락하면 이익이 나는 펀드도 있고 횡보국면을 타깃으로 한 펀드도 있다. 주가가 오르내리는 변동과 관계없이 선물과 옵션의 가격 차이를 이용하여 안전하게 추가수익을 노리는 차익거래형도 적지 않다. 따라서 주가가 더 이상 상승하기 어렵다고 생각될 경우에는 파생상품펀드가 유용한 투자대안이 될 수 있다.

파생상품펀드를 고를 때는 주식형과 마찬가지로 수익률과 위험을 고려해야 한다. 과거 3년 동안 수익률이 꾸준하고 위험 변동이 적은 펀드를 우선적으로 선택해야 한다. 아울러 파생상품펀드의 경우에는 수익률보다는 위험, 즉 표준편차가 더 중요하다. 주식형펀드는 주가변동에 따라 수익률 변동을 피할 수 없지만 파생상품펀드의 경우 대부분은 시황의 변동과 상관없이 안정적인 수익률 달성을 목표로 설계되어 있기 때문이다. 또한 최소 환매기간, 펀드수수료 등도 꼭 챙겨보아야 한다.

일반 투자자들, 특히 시니어들이 파생상품에 직접 접근하기란 사실상 쉽지 않다. 더구나 생애설계 차원에서 이들 고위험 상품을 권유하거나 추천하는 것은 더더욱 아니다. 다만 이들 파생상품을 소개하는 것은 두 가지 이유에서다.

첫째, 앞으로 저금리로 파생상품을 이용한 다양한 투자상품들이 많이 등장할 텐데 최소한 이들 상품에 대한 기본적인 사항을 이해하고 투자하는 것이 중요하기 때문이다. 둘째, 주식투자 시 선물과 옵션의 가격변화가 실제로 주가에 영향을 주는 경우가 많고, 특히 기관투자가와 외국인들의 투자 향방을 가늠하는 데 큰 참고가 되기 때문이다.


## 파생결합증권

파생결합증권(DLS)은 유가증권과 파생금융상품이 결합한 형태의 증권으로, 기초자산의 가격변동

에 따라 수익이 결정된다. DLS는 넓은 의미에서 주가연계증권
(ELS)을 포함하는데, ELS는 개별주가나 주가지수에 연계되어 투
자수익이 결정되는 유가증권상품이다.

## 기초자산

주가지수, 이자율, 환율뿐 아니라 금, 원유, 곡물 등 원자재와 부동산 등 실물자산들도
기초자산의 대상이 된다.

　파생결합증권은 2003년 시장에 도입된 이후 꾸준히 성장세를
보여 2014년에는 발행액이 95조 원에 이를 만큼 중위험 중수익
상품으로서 확고한 자리를 잡았다. 그러나 그 과정에서 적지 않
은 종목들에 원금손실 가능성이 나타나 부정적인 인식이 생긴
것도 사실이다. 그러나 파생결합증권은 저금리 시대에 외면할
수 없는 매력적인 상품임이 틀림없다.

　파생결합증권에 투자할 때 살펴보아야 할 몇 가지가 있는데,
가장 중요한 것은 원금손실이 발생하는 수준으로 주가가 떨어
지는 낙인(Knock-in) 가능성이다. 향후 영업실적 전망이 나쁜 종
목이나 단기적으로 주가가 크게 상승한 종목은 피하는 것이 좋
다. 그리고 당연히 낙인이 되는 주가 하락률 값이 클수록 유리
하다.

　다음은 기초자산의 변동성이다. 평상시에 등락이 심한 종목

은 주가가 하락세로 전환되면 낙폭이 커질 수 있어 상대적으로 더 위험하다. 개별주식과 지수를 비교하면 개별주식의 변동성이 지수보다 크므로 지수형이 상대적으로 안전하다.

마지막으로는 기초자산들 간의 상관성이다. 주가가 같은 방향, 같은 비율로 움직일수록 상관성이 높으며, 그래야만 조기상환될 가능성이 높아진다. 따라서 상관성이 낮은 종목들로 구성된 파생결합증권은 피하는 것이 좋다.

그러나 현실에서 이러한 나쁜 조건들을 피하다 보면 파생결합증권의 이자가 낮아질 수밖에 없기 때문에 투자매력이 현저히 떨어진다. 실제로 개별주식으로 하느냐 주가지수를 기초자산으로 하느냐에 따라 이자가 연간 6퍼센트 이상 차이가 난다. 결국은 위험이 커질수록 이자도 커지기 때문에 둘 사이에 적절한 조합을 이루어야 한다.

따라서 주식투자와 마찬가지로 분산투자가 해답이 될 수 있다. 요즘은 증권사마다 파생결합증권을 상시 발행하기 때문에 손쉽게 여러 개의 파생결합증권에 투자할 수 있다. 이자가 높은 파생결합증권 하나에 전부 투자하지 말고 증권사별로 여러 개에 나누어 투자하면 된다.

다음은 증시상황을 보고 투자시기를 결정하는 것이다. 파생결합증권을 발행하는 증권사는 증권발행으로 지불해야 할 이자를 만들기 위해 증권의 기초자산을 매매하는데, 이때 중요한 것이 시황이다. 증권시장이 활발하게 움직일수록 기초자산의 매매를 통해 이자를 만들어내기가 쉽기 때문에 이때 발행하는 파생결합증권은 조건이 같아도 이자가 높아진다.

　마지막으로는 일정 부분 원금보장형에 투자하는 것이다. 원금손실이 발생하는 상황이 부담스러울 때 택하면 좋은 방법이다. 원금보장형이라 하더라도 항상 이자가 낮은 것은 아니며, 간혹 높은 이자를 받을 수 있는 조건이 붙어 있는 경우도 있다. 즉 조기상환조건이 까다로운 반면 높은 이자를 주는 것들인데, 최소한 원금보장이 되는 것에 만족한다면 이런 형태의 파생결합사채가 적합하다.


## 원자재 및 원자재펀드

　세계 제일의 투자가이며 최고의 갑부인 조지 소로스와 워런 버핏. 두 사람의 명성만큼은 아니지만 또 한 명의 특출한 투자가가 있는데 소로스와 함께 1969년 그 유명한 퀀텀펀드를 설립한 짐 로저스다. 10년간 4000퍼센트가 넘는 수익률을 거둔 퀀텀펀드에서 1980년 겨우 37세의 나이에 은퇴한 로저스는 여자친구와 함께 BMW오토바이로 전 세계를 여행했다고 한다.

모험심이 많고 특이한 기행으로도 유명한 로저스는 원자재에 일찍 눈을 뜬 명민한 투자가였다. 소로스가 외환, 버핏이 주식 전문이라면 그는 농산물, 석유, 금 같은 실물 원자재에 관심을 가졌다. 그는 원자재 생산기업보다 원자재에 직접 투자하는 것이 수익률이 높으며, 특히 농산물이 최고의 수익률을 낼 것이라고 믿었다. 실제로 그는 이러한 투자관을 바탕으로 막대한 수익을 올렸다.

군이 로저스의 이야기를 거론하는 것은, 원자재에 투자하면 무조건 돈을 벌 수 있다는 의미는 아니다. 원자재는 주식시장과 다른 특성이 있기에 훌륭한 투자대안이 될 수 있음을 강조하려는 것이다.

원자재투자의 가장 큰 장점은 개별기업보다 전망이 쉽다는 점이다. 개별기업은 거시적인 경제변화에도 영향을 받지만 기업 내부의 사정에 따라 실적이 좋아질 수도 나빠질 수도 있다. 예컨대 삼성전자는 수년 전 스마트폰을 무시했다가 애플에 크게 혼난 적이 있고, 일본의 도요타 자동차도 미국에서 차량 결함을 숨겼다가 곤욕을 치렀다. 규모가 작은 중소기업은 훨씬 더할 것이다. 작은 기업들 중에는 첨단기술을 개발했다는 발표에 주가가 폭등하다가도 대표이사가 회사 자금을 빼돌리는 바람에 하루아침에 하한가로 곤두박질치는 경우가 종종 있다.

반면 원자재는 거시적인 경제변화만 보면 되기에 상대적으로 간단하다. 글로벌 경기로 수요측면을 보고 생산능력을 파악해서 공급만 예측하면 된다. 물론 이것도 기업분석에 비하여 상대적으로 쉽다는 것이지 정확한 예측은 쉽지 않다.

두 번째 특징은 원자재가격의 지속성이다. 원자재는 글로벌 경기와 생산량에 의해 가격이 결정되므로 추세가 지속되는 기간이 상대적으로 길다. 원자재의 생산능력 또한 마찬가지다. 농산물은 1년에 한두 번밖에 재배할 수 없고 석유나 금 같은 귀금속은 생산능력이 고정되어 있다. 따라서 한번 가격이 추세를 바꾸면 상당 기간 지속되며, 그에 따라 주가지수보다 훨씬 높은 등락률을 나타낸다.

따라서 원자재가격이 장기적 추세를 형성한 후 전환점에 이르렀다고 생각되는 시점에 장기투자를 하면 실패할 가능성이 낮다. 로저스의 투자철학에 따르면 성공한 투자자는 대부분의 투자기간에 아무것도 하지 않는다고 한다. 원자재에 한번 투자하면 장기간 기다리기만 하면 된다는 뜻이다.

원자재투자를 하는 방법은 증권사의 선물옵션 거래와 동일하다. 다만 거래 대상을 해외물로 지정하는 것이 다르다. 한국거래소에도 금 같은 원자재 선물이 있지만 거래도 적고 대부분의 원자재 선물이 미국의 선물거래소에 상장되어 있기 때문에 실제 원자재투자는 미국 선물거래소의 상품을 대상으로 한다. 미국과의 시차가 있어서 본격적인 거래는 밤 시간에 이루어지지만 글로벡스(Globex)시장이라고 하여 미국의 밤, 즉 한국의 낮 시간에도 거래가 이루어진다. 물론 일중 변동 폭은 적지만 낮 시간대인 지구 절반이 참여하기 때문에 거래량은 충분하다. 요즘 외국거래소에 상장된 주식을 실시간으로 거래하는 것과 방법은 동일하다. 투자 대상은 옥수수, 밀, 콩, 커피, 돼지고기 등의 농축산물과 금, 은, 구리, 알루미늄 등의 금속, 원유, 가스 등의 원자재가 대표적이며 이 밖에도 다양한 거래상품이 있다.

　원자재투자를 하고 싶지만 선물거래가 번거롭다면 원자재펀드를 이용하면 된다. 주식형펀드와 마찬가지로 증권사나 은행에서 투자가 가능한데 거래 대상이 해외물이기 때문에 국내펀드가 아닌 해외펀드로 구분된다. 따라서 펀드의 환헤지 여부, 세금, 환매조건 등을 꼼꼼히 살펴봐야 한다. 개인의 경우 기본적으로 투자수익에 대하여 15.4퍼센트의 세율로 원천징수를 하게 되나 금융소득 합계액이 2000만 원이 넘으면 종합소득에 포함되어 과세된다. 아울러 해외투자펀드의 성격상 환매기간이 길어 보통 신청 후 열흘 가까이 되어야 대금을 찾을 수 있다.

---

### 환헤지

'환(換)과 '헤지(hedge)'의 결합어로, 환율 변동에 따른 위험을 없애기 위해 현재 수준의 환율로 수출이나 수입, 투자에 따른 거래액을 고정시키는 것을 말한다.

# 자산관리는
# 종합예술이다

　　　　　　　　　　대표적인 금융상품들을 개략적으로 살펴보았다. 가장 일반적인 주식부터 파생상품에 이르기까지 오늘을 사는 우리에게는 다양한 투자의 기회가 눈앞에 놓여 있다. 지역적으로도 한국을 벗어나 전 세계를 대상으로 투자하는 시대인 것이다. 덕분에 투자의 시계는 1년 열두 달, 24시간 쉬지 않고 돌아가는 상황이 되었다.

　과거에는 주식시장이 나쁘면 때를 기다리며 쉬어야 했지만, 지금은 선물로 수익이 날 수도 있고 장이 좋은 미국이나 독일 주식으로 갈아타는 것도 가능해졌다. 더군다나 이 모든 과정을 집에 앉아 컴퓨터로 처리할 수 있게 되었으니 가히 시간과 국경이 없는 글로벌투자의 세계가 열렸다고 해도 과언은 아니다.

상황이 이렇다 보니 자산관리에도 많은 노력이 필요해졌다. 새로운 상품을 거래한다는 것은 곧 새로운 지식을 쌓는 것이며 그것도 설렁설렁 대충하는 식이 아니라 깊이 있는 수준을 요구한다. 심지어는 일정한 교육을 받아야 가능한 것도 있다. 예를 들면 선물은 금융투자협회에서 30시간의 사전교육을 받고 증권거래소에서 50시간의 모의거래를 거쳐야만 신규거래가 가능하다. 옵션은 기준이 더 엄격해서 선물거래 경험이 1년 이상이어야만 거래를 할 수 있다. 감독 당국이 개인투자자의 무분별한 파생상품 투자를 억제하기 위하여 2015년부터 제도를 시행한 까닭이다.

특히나 외국으로 투자 대상을 넓히게 되면 환위험 관리를 직접 할 수 있어야 한다. 환율 전망은 기본이며 선물환 거래의 메커니즘을 이해하는 것이 필수적이다. 그렇지 않고 해외자산에 투자했다가는 수익이 나더라도 환에서 까먹는 경우가 발생할 수 있다. 가까운 일본이나 중국이 주식시장은 좋았지만 환율에서 약세를 보인 것이 단적인 예이다. 최악의 경우 투자에서 손실이 나고 환에서도 손실이 날 수도 있는 것이다.

이쯤 되면 자산관리가 어렵고 귀찮게 여겨질지도 모른다. 그래서 모든 것을 전문가에게 맡기는 간접투자로 해결하고 싶은 마음도 들 수 있다. 하지만 간접투자상품이라고 항상 이익을 보장해주는 것은 아니다. 직접투자와 마찬가지로 간접투자상품도 손실이 날 수 있고 또 이익이 나더라도 상품별로 수익률의 차이가 크다. 이런 수많은 상품 가운데서 현명한 선택을 하려면 투자자 스스로 지식을 갖추어야만 한다. 투자자 본인이 상품의 전략과 위험관리 방안을 평가할 수준은 되어야 한다는 뜻이다.

그렇다면 갈 길은 정해져 있다. 은행 예금에 모든 돈을 넣어두는 자산관리가 아니라면 어렵더라도 하나씩 공부를 하는 수밖에 없다. 먼저 주식에서 시작해서 채권, 파생상품 등으로 점차 투자경험을 늘려가는 것이다. 그리고 궁극적으로는 해외투자 상품으로 대상을 확대하여 환율변동까지 체험함으로써 완성되는 과정이다.

처음에는 다소 어려울지 모르겠으나 인터넷에 관련된 지식이나 교육 영상이 많이 올라와 있다. 이들을 활용하면 혼자서도 공부하는 데 큰 어려움은 없을 것이다. 그래도 부족한 점이 있으면 금융투자교육원에서 관련된 교육을 받을 수도 있다. 단지 시간과 노력의 문제일 뿐이다.

이와 같이 힘들여 공부해야 하는 이유는 물론 자산관리의 수익을 높이기 위해서이지만, 100세 시대를 살아가는 하나의 길을 제시해준다는 데서 그 의미를 찾을 수도 있다. 투자의 세계는 남녀를 구분하지 않고 나이도 따지지 않으며 혼자서도 얼마

든지 즐길 수 있는 영역이다. 예를 들어 중국 주식에 투자했다고 생각해보라. 뉴스에 나오는 중국 이야기가 남의 나라 이야기가 아니게 된다. 투자란 그런 것이다. 돈을 벌 수 있다는 점에서 직장이기도 하고, 내일이 궁금하다는 점에서는 드라마이기도 하다. 한번 들어가면 지적인 호기심과 동기부여가 끝없이 솟아나는 우물인 것이다.

영화를 음악과 시각, 스토리가 결합된 종합예술이라고 부르듯이 투자의 세계도 별반 다를 것이 없다. 보람을 주는 일터이기도 하고, 재미를 느끼게 하는 취미이기도 하며, 새로운 지식을 얻을 수 있는 학교이기도 하다. 따라서 부담이 되지 않는 자금규모로 다양한 투자활동을 하는 것은 은퇴 후에도 지적인 활기를 유지할 수 있는 가장 좋은 대안이다.

그래서 투자의 세계에는 늦었다는 표현이 없는 것이다.